Coutumes (Cancelline ?)

FACULTÉ DE DROIT DE PARIS

LA SAISIE PRIVÉE

INTRODUCTION

DROIT ROMAIN *Legisactio per pignoriscapionem*

CHARTES ET COUTUMES DU NORD DE LA FRANCE

> « Je ne connais rien de plus piquant que l'étude attentive de la décadence progressive du droit de saisie extra-judiciaire : on le limite à certaines créances privilégiées, on le soumet à certaines formalités qui en altèrent la nature toute barbare : mais malgré tout, un œil exercé le suit pas à pas à travers ses métamorphoses. »
>
> (P. VIOLLET, *Établissement de St-Louis*. I, p. 188).

THÈSE POUR LE DOCTORAT

PAR

Paul COLLINET

AVOCAT A LA COUR D'APPEL

L'ACTE PUBLIC SUR LES MATIÈRES CI-APRÈS

Sera soutenu le Lundi 5 Juin 1893, à 2 h. et demie.

PRÉSIDENT : M. ESMEIN.

SUFFRAGANTS : MM. CAUWÈS
BEAUREGARD. } PROFESSEURS
GIRARD AGRÉGÉ.

LIBRAIRIE

DU RECUEIL GÉNÉRAL DES LOIS ET DES ARRÊTS

ET DU JOURNAL DU PALAIS

L. LAROSE ÉDITEUR

22, RUE SOUFFLOT. PARIS

1893

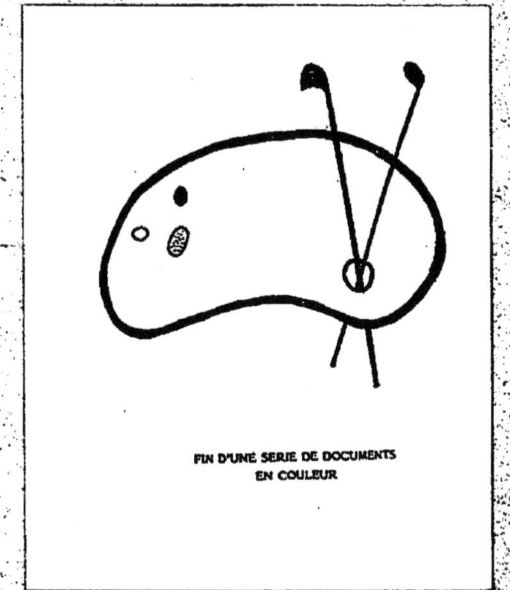

FIN D'UNE SÉRIE DE DOCUMENTS
EN COULEUR

THÈSE

POUR

LE DOCTORAT

LA SAISIE PRIVÉE

INTRODUCTION

DROIT ROMAIN (*Legisactio per pignoriscapionem*)
CHARTES ET COUTUMES DU NORD DE LA FRANCE

> « Je ne connais rien de plus piquant que
> l'étude attentive de la décadence progres-
> sive du droit de saisie extra-judiciaire : on
> le limite à certaines créances privilégiées,
> on le soumet à certaines formalités qui en
> altèrent la nature toute barbare ; mais
> malgré tout, un œil exercé le suit pas à
> pas à travers ses métamorphoses. »
>
> (P. VIOLLET, *Etablissement de St-Louis,*
> I, p. 188).

THÈSE POUR LE DOCTORAT

PAR

Paul COLLINET

AVOCAT A LA COUR D'APPEL

L'ACTE PUBLIC SUR LES MATIÈRES CI APRÈS

Sera soutenu le Lundi 5 Juin 1893, à 2 h. et demie.

PRÉSIDENT :	M. ESMEIN.	
SUFFRAGANTS :	MM. CAUWÈS	PROFESSEURS
	BEAUREGARD.	
	GIRARD	AGRÉGÉ.

LIBRAIRIE
DU RECUEIL GÉNÉRAL DES LOIS ET DES ARRÊTS
ET DU JOURNAL DU PALAIS

L. LAROSE ÉDITEUR

22, RUE SOUFFLOT, PARIS

1893

A MES PARENTS

A MON CHER MAITRE

M. H. D'ARBOIS DE JUBAÏNVILLE

Membre de l'Institut, professeur au Collége de France

INTRODUCTION

COUTUMES DE L'ORIENT — DROIT GERMANIQUE
DROIT IRLANDAIS

LA SAISIE PRIVÉE

INTRODUCTION

La saisie privée présente comme caractère saillant qu'elle s'exerce sans titre et par les soins du créancier lui-même. Elle est, par essence, une procédure extra judiciaire, ne nécessitant ni l'intervention du juge avant son accomplissement, ni la présence du magistrat pendant son exécution. Elle appartient donc, par ses éléments négatifs, à la période primitive du droit, non pas qu'elle apparaisse fatalement à l'aurore de toute législation, mais en ce sens qu'elle reproduit le type des procédures d'initiative spontanée, comme la vengeance privée, comme la guerre privée.

Elle se place, dans l'évolution générale, à côté de la contrainte corporelle, première sanction de l'obligation non remplie, de la saisie de la personne même du débiteur, soit pour le tuer, soit, dans les législations plus pratiques, pour le réduire en esclavage et le contraindre à rémunérer le créancier par ses services forcés. Ainsi, elle ne procède pas, comme les saisies judiciaires, d'un état de droit produit par l'évolution, mais d'une idée instinctive et naturelle, si bien que, condamnée par le principe des lois civilisées qui défen-

dent de se faire justice à soi-même, elle survit dans l'esprit
des enfants et des peuples jeunes : rien de plus fréquent, en
effet, chez eux, que la prise d'un objet à celui qui leur en a emprunté ou enlevé un autre, et rien de plus répandu que l'idée
qu'on a le droit de saisir chez quelqu'un de sa propre autorité,
quand on vous doit.

L'instinct, plus que l'imitation, a poussé le créancier primitif à pratiquer cette procédure spontanée, et il y était
porté par l'absence même d'un pouvoir solidement établi ; la
famille est tout, dans la civilisation primitive, l'individu disparaît derrière elle, mais l'Etat n'est pas plus que lui, et il
est tellement vrai que l'Etat seul est le principal régu-
lateur des procédures, que, si l'Etat vient à s'affaiblir,
on voit la saisie privée reprendre une force nouvelle et s'im-
planter de rechef là où elle avait été enrayée avec succès :
nous en trouverons un frappant exemple dans l'histoire du
très ancien droit français.

L'observation du jeu des idées populaires donne, en même
temps que la preuve de l'existence de la saisie privée, la
mesure de ses effets ; elle se différencie des saisies modernes
(ou mieux des saisies « civilisées ») parce que, loin d'être le
procédé direct du recouvrement des créances, elle n'est
qu'un moyen d'agir sur le débiteur, en lui donnant un intérêt à exécuter l'obligation pour reprendre son bien ; elle
s'unit ainsi étroitement à l'idée de gage, et on peut dire que
l'engagement a été forcé avant d'être conventionnel, le
pignus coactivum a précédé historiquement le *pignus conven-
tionale*. L'exemple de cette affirmation se déduit facilement
de la similitude entre les mots qui désignent le gage et ceux
qui expriment la saisie ; en latin, *pignus*, *pignoriscapio*,
pigneratio, en grec ἐνέχυρον (gage), ἐνεχυρασία (saisie), ἐνεχυράζειν
(engager et saisir), en allemand, *Pfand* (gage), *Pfandung*

(saisie); *Pfanden* (saisir), en bas latin *wadium* fr. *gage*, *wadiare*, v. fr. *gayier* (saisir), *inwadiare* fr. *engager*.

La saisie privée se rencontre dans les législations qui viennnent de la souche aryenne, comme de la souche sémite ; mais presque nulle part, dans l'état des textes connus, elle n'apparaît pure d'un commencement de réglementation, et ce qu'il est le plus intéressant d'étudier, ce n'est pas tant la présence même de la saisie privée, qu'il suffit de constater que les procédés divers utilisés partout pour entraver, dans la mesure du possible, les injustices et les violences dissimulées sous l'apparence du droit, — et aussi, d'après quelques législations, l'affaiblissement continu de la règle au début absolue, restreinte à des cas de moins en moins nombreux, jusqu'à sa disparition complète. L'histoire de la saisie privée n'est qu'une petite partie de l'histoire plus large de la saisie en général, mais il est intéressant de suivre sa curieuse évolution qui sera surtout démontrée pour la France du Nord, en approfondissant quelque peu les coutumes primitives de l'Orient et de l'Occident qui ont connu, elles aussi, des transformations de la saisie privée.

Auparavant, nous devons mettre en relief deux caractères de la saisie privée : 1° elle ne s'exerce que sur les meubles qui, dans les obligations primitives, répondent seuls des dettes de l'obligé, les immeubles demeurant le fonds patrimonial inaliénable de la famille : la preuve de ce fait est fournie par l'ancien droit germanique [1], par le droit de la Géorgie [2], par les lois de l'Irlande [3] qui connaissent, comme le vieux droit français, une procédure particulière d'exécution

[1] L. Salique L. I. — A. Esmein, *Contrats dans le très ancien droit français. 3ᵉ étude*, pp. 151 et suiv. du tirage à part.
[2] Code de Vakhtang. (R. Dareste, *Etudes d'Hist. du droit*, p. 132).
[3] *Ancient Laws of Ireland*, t. IV. pp. 1-65

sur les immeubles [1] , enfin par la *legis actio per pignoris capionem* du droit romain, selon toute probabilité [2].

2° La saisie privée, au moins d'après les coutumes les plus anciennes, se présente avec la physionomie propre d'une procédure introductive d'instance. C'est même l'unique moyen d'introduction des instances que connaît le droit Irlandais, et qu'en matière personnelle, permet la loi Salique [3]; c'est l'effet de la *pignoriscapio* du particulier d'engendrer une *legis actio*. La procédure judiciaire, le procès, s'engageait donc sur un incident de la saisie, le rôle du juge consistant à vérifier, non pas le droit du créancier, mais la régularité de la prise de gage : on retrouve ici, comme dans le *sacramentum* romain, dans les ordalies, les voies détournées qu'affectionne le droit primitif pour résoudre les questions complexes d'une façon simple et rapide, en présentant le problème souvent embarrassant sous une forme précise et moins difficile.

Cependant, cette fonction première de la saisie privée n'apparaît guère dans la majorité des coutumes anciennes : en conservant un de ses caractères essentiels, l'intervention directe du créancier, elle devient une voie d'exécution analogue à la saisie moderne, et partant nécessite un procès préalable, qui la rend judiciaire en partie. Le trait d'union entre les deux formes de l'institution peut être, soit une autorisation préliminaire du magistrat ou du tribunal, soit la rédaction spéciale du titre obligatoire emportant exécution parée, soit enfin le droit pour le saisi d'arrêter la saisie en fournissant gage ou caution de se présenter devant la justice. C'est par ces aspects divers que la saisie devint pleinement judiciaire,

[1] A. Esmein, *op. cit.* pp. 160 et suiv.
[2] Cf. *infra.*
[3] R. Dareste, *op. c t.* pp. 359, 408.

quand le procès, au lieu d'être un simple incident greffé sur elle, la précéda nécessairement.

La fonction primitive, déjà transformée et en voie d'évolution, s'offre encore dans le très ancien droit français où on en suit la décadence : nous exposerons la seconde phase de la saisie extra-judiciaire selon les coutumes de l'Orient (droit israélite et grec) : l'étude des législations germanique, irlandaise et romaine nous ramènera aux origines mêmes de l'institution.

§ I. — LA SAISIE PRIVÉE DANS LES COUTUMES DE L'ORIENT.

L'ancien droit de l'Inde, qui représente en général l'origine du droit aryen, ne possède pas de théories bien nettes sur la saisie privée : la stance 49 de Manou qui énumère les moyens légaux de recouvrement des créances, mentionne, à côté de l'action en justice et du jeûne, la ruse et la force qui pouvaient, manifestement, comprendre en elles la saisie d'un gage.[1]

Au contraire, le droit musulman connaît notre institution[2], et le droit israélite, exprimé dans les Talmuds de Jérusalem et de Babylone, développe les règles auxquelles elle est soumise. La théorie du Talmud repose sur les textes du Deutéronome ; « Tu n'entreras pas dans une maison pour te nantir du gage de ton débiteur ; tu dois attendre dehors, et il t'apportera son gage au dehors » (Deut. XXIV. 10-11). Ce texte a fait penser à la pratique du jeûne à la porte du débiteur, cette

---

[1] R. Dareste, *op cit.* p. 84. — Jolly, *Ueber das indische Schuldrecht.*
[2] *Code de Khâlil*, trad. Seignette, Introd. p. XXXVII.

coutume pratiquée dans l'Inde et en Perse et munie d'une sanction religieuse [1] et qu'on retrouve dans la partie récente du droit Irlandais. La loi israélite défend aussi, toujours en s'appuyant sur l'Ancien Testament de saisir certains objets de première nécessité, et ordonne de rendre au débiteur la nuit les objets dont il a besoin, quitte à les reprendre le jour, et réciproquement [2]. La saisie intervenait, en Israel, à la suite d'une ou plusieurs sommations, renouvelées à 30 jours de distance par trois fois, si le débiteur était absent; mais les rabbins qui interprétaient la loi supposaient en général qu'un jugement préalable était intervenu. [3]

C'est aussi à la suite d'un jugement que le droit grec, et en particulier le droit athénien, permet la saisie privée, ἐνέχυρον, ἐνεχυρασία la principale voie d'exécution des jugements. Au bout d'un certain délai, le perdant qui n'a pas exécuté, devient ὑπερήμερος « en retard », retard qui entraîne le doublement de la dette, et qui autorise la saisie. Celle-ci est opérée par le gagnant, sans l'assistance d'un officier public, avec seulement des témoins, et quelquefois le démarque. Le créancier ne peut saisir en l'absence du débiteur ; mais, lui présent, il enlève tous les meubles, sauf ceux constitués en dot par la femme du saisi : après la saisie il est probable que le débiteur a le droit de reprendre les gages en payant la dette, faute de quoi le créancier fait vendre les biens et se paye sur le prix.

[1] R. Dareste, *op cit.* p. 28. — Cf. *Talmud de Jérusalem*, traité *Schebou·h*; ch. VII. 2. (Schwab, *Talmud de Jérusalem*, XI, p. 157)

[2] *Talmud*; *Traité Baba Mecia*, ch. IX. 12-13. (Schwab, *op cit.* X., 150-152).

[3] *Talmud*; *Traité Kethouboth*, ch. IX. 9. (*ibid.* VIII. p. 124). Sur l'ensemble du droit Israélite, voy. Rabbinowicz, *Législation civile du Talmud*, t. III, pp. XLV-XLVII.

La création vraiment intéressante du droit grec est l'action dite δίκη ἐξούλης « action de dessaisine » ; elle était donnée contre le débiteur qui mettait obstacle à la saisie, et produisait des conséquences fort graves : le récalcitrant était condamné envers l'Etat à une somme égale au montant de la condamnation principale, poursuivi comme débiteur public, et frappé, jusqu'à parfait paiement, de l'incapacité légale appelée ἀτιμία. En pratique la δίκη ἐξούλης était devenue le similaire de l'*actio judicati* romaine, elle entraînait l'envoi en possession des biens du condamné, et dispensait de la saisie préalable : ainsi disparut en Grèce la saisie privée [1].

De nos jours, on la trouve encore, au Caucase, en pleine vigueur au début de la procédure, comme moyen de contraindre l'adversaire à accepter un arbitrage, d'autant plus facile à employer que les membres d'une même famille « is-chkil » sont tous solidaires, et que par suite on ne manque pas de gages à saisir : tel est le droit qu'observa M. Maxime Kovalevsky chez les Khevsures, les Touchines, les Ossètes et les populations du Daghestan. Les deux premiers de ces peuples ont même conservé une coutume qui se rapproche beaucoup du jeûne : on entasse devant la porte du débiteur des pierres qui resteront intactes jusqu'au paiement, avec imprécation contre lui s'il ne paye pas : c'est un moyen d'attirer l'attention sur sa résistance et de le désigner au mépris de la foule, comme la vue du brahmane hindou ou du créancier persan assis au milieu de ses grains d'orge [2].

[1] Consulter sur le droit grec : Ch. Lécrivain (Dict de Daremberg et Saglio, art. *Enechyra*); R. Dareste, *Plaidoyers civils de Démosthène* I pp. XX-XXI, 384-395; II, pp. 185, 202; Meier et Schomann, *Der attische Process*, 2ᵉ éd. pp. 965-970; Leist, *Graeco-Italische Rechtsgeschichte*, pp. 493, 501, 502, 506.

[2] R. Dareste, *Journ. des savants*, mars 1893. pp. 82, 161, 169.

§ II. — LA SAISIE PRIVÉE EN DROIT GERMANIQUE.

L'importance d'une étude plus détaillée de la *pigneratio* germanique n'a pas besoin d'être démontrée ; la saisie extra-judiciaire, pratiquée chez tous les peuples de race germanique, et en particulier chez les Francs, se maintint pendant une longue période sur notre sol, et, altérée et réglementée, il est vrai, devint la source directe de la saisie privée conservée au moyen-âge dans l'Europe occidentale.

Les lois germaniques sont multiples et diverses : de l'Islande à la Lombardie, elles ont évolué en des sens complexes et il est impossible de les suivre toutes avec les mêmes développements dans leurs transformations successives : entre elles, il faut nécessairement choisir des types [1].

1

Le plus ancien procédé en usage, dans la souche germanique et scandinave, contre le débiteur qui refusait de s'exécuter, a été la mise hors la loi (*Friedlosigkeit*) et l'exil : les biens du proscrit étant acquis au chef, le créancier était payé

---

[1] La bibliographie détaillée de la littérature sur ce sujet est donnée dans H. Brunner, *Deutsche Rechtsgeschichte*, II, § 110, p. 445. Nous suivrons d'ailleurs le magistral exposé de cet auteur.

par lui [1]. Puis fut permise la saisie extrajudiciaire, pour les obligations alors connues, *res prestita* et *fidesfacta* : la saisie s'exerçait sans formes et sans conditions, comme un acte d'initiative spontanée, de *Selbsthülfe*, selon la théorie générale de l'évolution; c'est d'ailleurs l'état de droit, encore conservé postérieurement en Lombardie, en Frise, en Suède et en Saxe [2].

Mais la majorité des lois données aux grands royaumes barbares soumettent la saisie à des formalités, à des conditions qui, sans lui enlever son caractère de procédure extrajudiciaire, y introduisent un élément contentieux de nature différente selon les *leges*. D'autres même, plus radicales, la proscrivent en exigeant toujours un jugement préalable et l'intervention de l'autorité : de ce nombre sont la loi des Wisigoths, l'édit de Théodoric, le capitulaire *de partibus Saxoniæ*, le droit alaman et danois, auxquels il faut ajouter la loi des Ripuaires qui omet le passage correspondant de la loi salique; et la loi des Burgondes qui ne fait d'exception qu'en cas de fidéjussion [3]

La transformation de la *pigneratio* s'accomplit, en général, d'une façon parallèle : les lois qui la maintenaient en la réglementant exigèrent, soit l'autorisation du juge, soit plusieurs sommations adressées au débiteur. Ce sont elles qu'il est utile d'étudier, en insistant principalement sur la procédure de la loi salique.

La loi des Burgondes, autorise la saisie dans le seul cas de

[1] H. Brunner, *op. cit.* I p. 183, II, p. 445.

[2] *Ibid.* II, p. 446. — M. Sohm a prétendu que le type de la loi salique serait le type originaire de la *pigneratio* germanique. Voy. *contra* : Esmein, *op. cit.* p. 93, n. 1, Declareuil, *La Justice dans les Coutumes primitives* (*Nouv. rev. hist.* 1889). p. 114; Sumner-Maine, *Instit-Primit*, tr. franc. pp. 332 ssv.

[3] A. Esmein, *op. cit.* p. 93. — H. Brunner, *op. cit.* II, pp. 446-447.

la fidéjussion, exception justifiée par le fait qu'en droit germanique, la caution obligée par contrat formel est exposée la première aux coups du créancier : mais elle requiert du créancier agissant contre la caution une triple sommation, et de la caution recourant contre le débiteur principal « tres admonitiones coram testibus [1]. » La *lex Bajuwrorum* possède un système analogue à celui de la loi salique : le créancier se présente, avec 2 ou 3 témoins, invitant le débiteur à payer, ou à comparaître devant le *judex*, sous peine d'une amende de 12 solidi au profit du créancier, et de 40 sol. *pro fredo* acquise au duc ; puis le créancier obtient la permission du *judex* et saisit : s'il saisit sans cette permission, il est amendable de 40 sol. *pro fredo*, et de 6 sol. envers le défendeur, perdant de plus son gage estimé à 6 sol [2]. Le droit lombard permet la saisie après triple *contestatio*, sauf pour la saisie des objets précieux « in quibus non licetum est pignerandi » où le *schulthein* doit intervenir [3]. Le droit des Anglo-saxons exige une triple demande faite à la centaine et si la troisième sommation est restée vaine, une quatrième sera adressée au *shiregemot* [4]. Enfin des textes moins précis dans les détails interdisent au créancier de saisir sans permission du juge : la coutume frisonne du XIIIᵉ siècle (droit municipal de Staveren) en contradiction avec la *lex Frisonum* (Add. 8. 2.), les fragments wisigothiques de Provence (c. 13), les *Leges Scaniæ* (XVI. 2) [5].

[1] Burg. 107, 7 ; 19,5. La *lex Burg.* 19, 1 rapprochée de la *lex Rom. Burg.* 14, 8 semble exiger un acte judiciaire tendant à obtenir la permission du juge.

[2] Lex Bajuw. XIII. 1-3.

[3] Roth. 245, 246. Liutp. 108-110. — C. Nani, *studi di diritto longobardo*, stud. II, cap. 2.

[4] Kanut II, 19. Ina § 9. Guillaume I. 44. Leg. Henrici Primi 51. 3.

[5] H. Brunner, *op. cit.* II p. 446, n. 9, p. 447 n. 13. — R. Sohm. *Procéd., de la Loi salique*, trad. Thévenin, § 8, pp. 26-34.

La loi Salique contient sur la procédure de la saisie des détails intéressants : le chap. L. 1-2, se place dans l'hypothèse de *fides facta*, promesse formelle, unilatérale de payer à jour fixé, mais, malgré controverse, il faut étendre les détails qu'il donne à la *res prestita*, obligation unilatérale née du prêt, d'abord parce que les deux sortes d'obligations sont contemporaines, et ensuite à cause de la glose malbergique du ch. LII (*ex re prestita*) « nec thanteo » corruption de « nexti chantigio [1]. » Aussitôt le délai de paiement expiré, ou LX nuits après le contrat, a lieu la première sommation de payer : le créancier se rend à la maison du débiteur « cum testibus vel cum iis qui precium adpreciare debent », avec trois témoins qui doivent évaluer la valeur des biens offerts en *datio in solutum* [2]. Si le débiteur ne paye pas, on lui fait *testatio* (sommation) et il encourt une amende de XV sol., amende correspondante aux XXX sol. de l'*homo migrans* (Sal. XLV). Après le premier refus, le créancier convoque le débiteur à venir au mâl (*ad mallum mannitio*), pour lui permettre de s'expliquer sur l'amende de retard et introduire la réclamation dans une procédure contradictoire [3] . Au mâl, il demande au centenier (*thunginus*) la permission de saisir, en ces termes : « Rogo te, thungine, ut nexti chanthichius gasacio meo illo qui mihi fidem fecit et debitum debet », formule qui répond à ceci « ut vinculo adstringes adversarium meum... » « thou most urgently compelst » [4]. Le *thungin* accorde l'auto-

---

[1] R. Sohm, *op. cit.* § 6, pp. 21-23.

[2] La monnaie germanique consistant en têtes de bétail, « *pecunia* », il fallait des arbitres pour les estimer.

[3] D'après M Sohm, le rôle de la *mannitio* serait simplement d'obtenir l'autorisation du juge : l'opinion de M. H. Brunner, *op. cit.* II p. 447, n. 17 semble plus conforme aux idées générales.

[4] Kern, chez Hessels, *Lex salica*, § 238.

risation : « Nexti canthichio ego illum in hoc quod lex salica habet, » puis il est fait *testatio* au débiteur de ne plus payer ni remettre de gage avant exécution complète de son obligation, et, sans perdre de temps « festinanter », créancier et témoins se rendent chez lui avant le coucher du soleil : la sommation est reproduite trois fois de VII nuits en VII nuits, et à chaque sommation la dette augmente de III sol.

C'est alors que commence l'exécution : elle est accomplie par le créancier lui-même, et non par le comte, bien que le texte de la loi salique ne le dise pas; la preuve en est dans un autre passage (Sal. LXXIIII *de pignoracione*, qui, en effet, supposant une ignorance du créancier, le punit de la perte de la créance, s'il a saisi avant la « nexti canthigio », et d'une amende de 15 sol, s'il a saisi sans droit, tandis que le comte qui n'observe pas les formalités paye 200 sol., et si « male pignoret », il compose avec la vie (LI. 1.) [1]. La difficulté vient de ce que la suite (L. 3.) de notre chapitre semble continuer le même ordre d'idées et vise la saisie par le comte; la conciliation n'est cependant pas impossible entre les opinions adverses : le titre L. 3 revient sur un fait déjà énoncé dans L. 1, car il suppose au début une assignation au tribunal « placitum » comme en parlait aussi L. 1; les plus jeunes textes ont cherché à relier L. 3 à L. 2. par des conjonctives *adhuc, si nec, si vero nec*, mais l'addition de L. 3 faite vraisemblablement par une novelle avait pour but, non d'abroger la saisie privée, mais de laisser au créancier le choix entre les deux procédures, comme le démontre le titre LXXIIII invoqué ci-dessus [2].

[1] R. Sohm, *op. cit.* pp. 19-20.
[2] H. Brunner, *op. cit.* II, p. 454, n. 8.

II.

Soumise à des conditions d'autorisation préalable, la *pigne-ratio* germanique devait respecter certains objets, soit toujours en raison de leur utilité économique, soit seulement lorsqu'il en existait de moins importants : ainsi est interdite la saisie des animaux de trait, chez les Lombards, sauf permission du juge, (celle des bœufs est interdite même avec cette permission), la saisie des bœufs chez les Burgondes, celle des troupeaux de chevaux et de porcs sans ordonnance royale en Lombardie, chez les Bavarois et les Alamans [1]. Mais, chose curieuse, tous les droits punissant la saisie d'une autre personne que le débiteur, l'édit de Rotharis permet de saisir le *gafand*, c'est-à-dire le plus proche successible du débiteur : on constate aussi cette faculté stipulée dans divers traités internationaux [2] et nous la retrouverons abrogée par des textes formels dans le Nord de la France.

Les coutumes germaniques défendent, en outre, de s'opposer à la prise de gage, ou de reprendre par force les objets saisis, enfin de saisir en représailles le saisissant : en revanche, l'homme qui pratiquait une *pigneratio* sans être créancier, ou, fût-il créancier, trop tôt ou pour plus qu'on ne lui devait, était puni comme voleur, sans compter qu'en ce cas le débiteur pouvait légalement résister par la force, « faire rescousse ». La peine variait selon les législations :

[1] H. Brunner, *op. cit.* II, p. 449.
[2] *Ibid.* p. 448, n° 22.

c'était en général la perte de la prétention, si elle était fondée, et une amende [1].

Cependant le créancier était en droit de prendre plus que le montant de la dette, à raison du retard apporté par le débiteur : on connaît sur ce point déjà les dispositions du droit franc ; d'après la loi burgonde, le fidéjusseur saisit un tiers en plus, — d'après le droit danois et les sources hollandaises du xv· siècle, la moitié en plus. — d'après le droit lombard le double en deux saisies successives [2].

<h3 style="text-align:center">III.</h3>

Connaissant les conditions que devait observer le créancier saisissant, il nous faut rechercher quels effets produisait la saisie ? M. Brunner distingue à cet égard deux périodes dans le droit germanique : le créancier n'acquérait d'abord par la saisie aucune propriété sur le gage, mais seulement un droit de rétention ; plus tard, il eut droit d'usage et de propriété. Le vieux droit lombard laisse aux débiteurs le pouvoir de racheter le gage pendant un certain délai, durant lequel le créancier ne peut que le retenir. Après l'expiration du délai, les risques passent au débiteur, et le créancier peut user du gage : le délai de rachat, illimité d'après Rotharis, est réduit à trente ou soixante jours par Liutprand. Les mêmes principes sont suivis en Upland et en Seeland : celui qui prend *nam* doit l'offrir en rachat au débiteur, s'il n'est pas racheté,

---

[1] *ibid.* p. 44.
[2] *ibid.* p. 450.

il peut l'utiliser jusqu'à ce qu'il soit racheté. C'est le point de vue du vieux droit wisigoth des fragments de Provence : enfin chez les Burgondes, au bout de trois mois le gage devenait propriété du créancier [1]. Ces documents sont conformes à l'antique raison d'être de la saisie, qui tendait à exercer une pression sur l'individu, plutôt qu'à devenir un instrument de paiement. Mais, par suite de l'idée qu'en Germanie le paiement n'était qu'une *datio in solutum*, l'objet d'échange étant le bétail, on arriva, comme le montrent les textes lombards et burgondes, à une appropriation directe au profit du créancier ; c'était la coutume qui avait passé de la loi Salique et la loi Ripuaire dans nos textes du moyen-âge, et c'est encore elle qui permettait, chez nous, au propriétaire de saisir les animaux pris en délit sur son terrain [2].

§ III. — LA SAISIE PRIVÉE EN DROIT IRLANDAIS [3].

La procédure de la saisie irlandaise est longuement décrite par le *Senchus Mór* « grand recueil d'antiquités », contenu au tome Ier des *Ancient Laws of Ireland*. La marche en est racontée au début du chapitre Ier, par le compilateur anonyme de

[1] *ibil.* pp. 450-451.
[2] Esmein, *op. cit.* p. 118.
[3] Cette courte esquisse du droit irlandais nous est inspirée par les savantes leçons de M. H. d'Arbois de Jubainville, professées au Collège de France depuis 1887, et auxquelles nous avons eu le plaisir d'assister dès le début. Nous renverrons, pour plus de détails, aux résumés des cours, parus dans la *Revue générale de droit* (années 1888, 1890, 1891, 1892) et dans la *Nouvelle Revue Historique de droit* (années 888, 1890, 1892).

cette œuvre, écrite dans la forme actuelle, probablement au viiiᵉ ou ixᵉ siècle : l'auteur, voulant expliquer l'origine du nom irlandais de la saisie (*athgabail*, prise à nouveau), imagine un récit fabuleux orné de noms épiques, dont le mérite unique est de dresser la succession des diverses phases de la saisie. A la suite d'un double meurtre, d'où naissait une obligation délictuelle nécessitant réparation, l'héritier de la seconde victime fait saisir par un mandataire trois vaches qu'il emmène en fourrière chez lui : ce fut la première saisie (*gabail*); mais les bêtes s'étant enfuies du pré du créancier, six autres vaches furent enlevées au meurtrier par une seconde saisie (*athgabail*, ressaisie) : ces vaches auraient été acquises au saisissant, si l'héritier du meurtrier n'avait offert des gages, comme témoignage de sa bonne volonté de paraître devant arbitre, promesse qui fut tenue et amena la fin des hostilités [1]. Voilà le récit de la première saisie pratiquée en Irlande, à la suite de laquelle la légende prétend qu'on réglementa les diverses espèces de saisie et qu'on édicta les principes de leur procédure. Ce récit montre que la saisie irlandaise présentait tous les caractères de la saisie primitive, qu'elle était destinée à servir de moyen introductif d'instance, et surtout qu'elle contenait le terme, grâce auquel elle aurait pu devenir judiciaire, la remise d'un gage ou l'offre de sûretés en général pour faire trancher le différend par arbitre.

La procédure, assez compliquée, de la saisie est exposée dans la suite des articles du *Senchus Mór* : nous en rechercherons avec ce traité les conditions et les effets.

[1] *Senchus Mór*, art. 1. (*Rev. gén.* 1888.)

I

Les conditions requises pour pratiquer valablement la saisie sont nombreuses, ce qui prouve que l'état de droit contenu dans nos textes était déjà assez avancé : les coutumes qui en sont la source ont, en effet, à maintes reprises, subi l'influence du christianisme tout en gardant un fonds celtique qu'on ne retrouve nulle part ailleurs.

I. — La première condition est l'obligation de faire commandement au débiteur d'acquitter la dette : « Commandement précède toute saisie chez les Fêné (c'est-à-dire chez les Irlandais) », dit l'art. 16 [1]. Le commandement fixe le point de départ d'un premier délai variable (*apad*), dans la « saisie avec délai » ; tandis que, dans la « saisie immédiate », ce premier délai n'existant pas, l'enlèvement de l'objet saisi suit instantanément le commandement : car il existe deux espèces de saisie d'effets différents, soumises en principe aux mêmes règles, la « saisie immédiate » plus ancienne historiquement, et la « saisie avec délai. »

Le commandement est défendu quand on agit contre des personnes de qualité élevée « *nemed* » : le jeûne le remplace. Cette curieuse coutume du jeûne à la porte du débiteur se retrouve dans l'Inde sous le nom de « sitting *dharna*, » (acte d'être assis *dharna*), en Perse où le créancier sème de l'orge et s'asseoit au milieu des grains pour marquer son intention de rester là sans manger jusqu'au paiement ou jus-

[1] *Nouv. Rev. Hist.* 1888.

qu'à la maturité de l'orge, chez le peuple israélite selon le Deutéronome [1], au Caucase : elle est fondée sur une idée de respect, et surtout sur une croyance religieuse qui menaçait le débiteur inexorable de peines divines [2]. En Irlande, la sanction du défaut d'exécution par le débiteur est religieuse d'abord : « Celui qui supporte toutes choses n'est payé par Dieu, ni par homme » [3], et puis civile, car le débiteur est tenu de payer le double de la dette pour laquelle on a jeûné [4], sans compter l'indignité qui le frappe et l'empêche de recevoir indemnité pour les crimes contre lui commis [5]. En revanche, le créancier qui persiste à jeûner, malgré les offres régulières, encourt la perte de sa créance [6].

Le jeûne paraît d'introduction récente en Irlande, car le traité de la saisie immédiate se contentait de donner contre le haut privilégié une saisie plus longue que de coutume : dans cette sorte de saisie, en effet, le commandement se confond avec l'enlèvement, et il n'y a pas place pour le jeûne [7]. Le traité, postérieur à l'an 600, qui expose la saisie avec délai décrit le jeûne : faut-il donc admettre que la pratique n'en naquit qu'entre la rédaction des deux traités; ou qu'elle est due, plutôt, à l'influence du christianisme?

II. — Une seconde obligation du saisissant est de se faire accompagner par un avocat « *savant parleur* », dit le texte [8],

---

[1] Sumner-Maine, *Instit. primit.* tr. franç. pp. 368-378. Le traducteur n'a pas compris l'expression anglaise et l'a rendue par « veillée » : cf, éd. angl. p 297. — R. Dareste, *op. cit.* pp. 28, 84, 114, 360.

[2] J. Declareuil, *op. cit.* p. 111.

[3] *Senchus Mór*, art. 16. (*Nouv. Rev. Hist.* 1888).

[4] *ibid.* art. 1" (*d°*).

[5] *ibid.* Introduction (*d°*).

[6] *ibid.* art. 18 (*d°*).

[7] *Senchus Mór*, art. 7, § 1. (*Nouv. Rev. Hist.* 1882).

[8] *ibid.*, art. 4. (*Rèv. gén.* 1888).

dont le rôle est double : c'est lui qui veille à l'accomplissement des formalités, car, la procédure étant hérissée de
pièges, il guide le créancier, comme le *godi* scandinave et le
brahmane hindou ; de plus, il est témoin de la saisie, il
viendra raconter à l'assemblée appelée à juger le procès ce
qu'il aura vu ; il faut qu'il soit capable de bien parler devant
les arbitres pour soutenir les intérêts de son client : aussi
choisit-on l'avocat, le savant parleur.

III. — Pour saisir il faut réunir certaines qualités négatives,
que détermine l'art. 5 : « Ne peuvent saisir ceux qui sont
incapables de faire partie de l'assemblée, de cautionner, de
contracter, les chefs d'assemblée, l'esclave, le pâtre, le fou,
le serf, l'homme sans protection [1] » ; de même qu'on ne
peut saisir contre l'esclave, le serf, le fou, le pâtre, le charre-
tier [2] : quand ceux-ci sont tenus d'une dette personnelle ou
collective, on leur met des entraves aux pieds et une corde
au cou, en leur donnant comme nourriture un pain très mince,
sauf les jours de fête, jusqu'à ce que le chef paye la dette.

Enfin il est interdit de saisir après qu'on a offert des sûretés. La sanction de ces obligations est une amende de cinq
bêtes à cornes, à moins que le défendeur ne soit protégé par
la nécessité, l'ignorance ou la difficulté, ou que l'avocat se soit
trompé sur l'existence de la dette ou la qualité du protecteur
de l'objet saisi [3].

II.

Mais l'originalité du droit irlandais consiste principalement
dans la manière dont se produisent les effets de la saisie, au

[1] *Rev. gén.* 1888.
[2] *Senchus Môr*, art. 15. (*Rev. gén.* 1890.)
[3] *Senchus Môr*, art. 6. (*Rev. gén.* 1888.)

cas où un procès ne se greffe pas sur elle. Ces effets de la saisie sont, comme en droit germanique, après un certain délai,
une véritable dation en paiement, car, en Irlande comme en
Germanie, la monnaie réelle était les troupeaux, ou même la
femme esclave qui valait à elle seule six bêtes à cornes : la
coutume détermine les précautions à prendre pour les bêtes
mises en fourrière [1], et en pratique on saisissait toujours du
bétail.

L'effet définitif de la saisie, c'est-à-dire l'acquisition des
bêtes au créancier en paiement de la dette, se produit à la
« déchéance » du saisi, déchéance qui s'opère à l'expiration
de délais variables [2]. Le calcul de ces délais est assez compli-
qué ; il est différent suivant qu'il s'agit d'une « saisie immédiate » ou d'une « saisie avec délai ». Au premier cas, les
délais peuvent être un, trois, cinq ou dix jours, selon l'importance du fait générateur d'obligation, et ces délais sont
ceux pendant lesquels le bétail reste en fourrière, devenant
chaque jour, après l'expiration du délai, par fraction, propriété
du créancier : la marche de la procédure, en ce cas, est donc
simple : elle a fait en deux temps, 1° commandement et enlèvement sans solution de continuité, 2° délai de fourrière de longueur variable.

Au cas de « saisie avec délai », l'effet n'est pas aussi rapide
et la procédure se décompose en trois périodes au cours des-
quelles les droits des parties se modifient. Après le commandement « apad », il s'écoule un premier délai homonyme qui laisse
l'objet saisi aux mains du débiteur, puis vient l'acte de saisie qui
engendre un second délai « anad », enfin l'enlèvement qui
ouvre le délai de fourrière « dithim », l'objet étant porté chez

[1] *ibid.*, art. 12 (*d°* 1890.)
[2] *ibid.*, art. 7 (*d°* 1890.)

le créancier et à lui acquis à la fin du « *dithim* ». Le calcul des trois délais, « *apad, anad, dithim* » n'est pas simple ; en règle générale, ils sont tous trois de même longueur, c'est-à-dire que le répit dans la « saisie avec délai » est triple du temps acccordé au débiteur pour payer ou offrir sûreté dans la « saisie immédiate » ; l'égalité des délais se rencontre dans les saisies d'un, de trois, cinq et dix jours : chacun étant d'un, de trois, cinq ou dix jours, il y a en réalité pour le débiteur, trois, neuf, quinze ou trente jours de répit. Dans la saisie de deux jours, imaginée en faveur des femmes, et qui est la plus récente de toutes, une glose nous apprend qu'il en était autrement, la durée du « *dithim* » étant double de celle de l'« *apad* » et de l'« *anad* », le total était de huit jours[1].

Ainsi le *Senchus Mór* présente trois systèmes de saisie d'époques différentes et de plus en plus avantageux au débiteur : la saisie immédiate, la saisie avec délai, la saisie des femmes. Ces systèmes sont certainement de dates diverses puisqu'ils présentent entre eux de nombreuses contradictions, que les glossateurs et le compilateur ont cherché à accorder, à l'aide de maximes mal à propos invoquées.

Sans entrer dans les détails, il est nécessaire de donner un aperçu de ce qui forme la base du classement des diverses saisies, soit immédiates, soit avec délai. Remarquons d'abord que les deux traités de date successive, aujourd'hui réunis, le plus ancien à la fin, le plus nouveau au début du *Senchus Mór*, peuvent être dégagés des additions souvent ineptes du compilateur, et ils se réduisent, en réalité, à des listes de cas

---

[1] Sur le calcul des délais, voyez surtout *Nouv. Rev. Hist.* 1892, § V. et *Rev. gén.* 1890, art. 22.

[2] *Rev. gén.* 1888.

fort longues, quelquefois versifiées, que les Brehons devaient sans doute apprendre par cœur, ce qui démontrent leur haute antiquité.

Un classement des saisies donné par l'art. 3 ne doit pas être pris au sérieux [1] ; il est d'ailleurs assez difficile de trouver le critérium de la division. La saisie d'un jour, immédiate ou avec délai, était accordée comme sanction des créances les plus favorables, pour les choses très pressées, dit le compilateur, les cas sont énumérés dans l'art. 20 (traité de la saisie avec délai) et dans les art. 38-39 (traité de la saisie immédiate) [2] : ce sont, en général, des cas de revendication d'objets nécessaires dont on a besoin tout de suite, il faut donc que la saisie soit rapide.

La saisie de trois jours sanctionne des obligations de moindre faveur, des « choses pressées » simplement : art. 26-30, traité récent ; art. 41-42, traité ancien) [3], il s'agit par exemple du crime des personnes en puissance, du crime de chacun « par main, œil, langue ou lèvre », de détérioration à la propriété d'autrui, de violation de contrat d'éducation, d'injures, de viol, etc....

La saisie de cinq jours (art. 31-32 ; art. 44) [4] concerne le crime des descendants et des parents qui forment la famille irlandaise, les obligations qui naissent du cheptel, contrat très usité en Irlande, et divers cas de délits contre les morts, de malédictions, ou de revendications.

La saisie de dix jours protège, grâce à sa longueur, les personnes haut placées avant l'introduction du jeûne, le saisi

---

[1] *Rev. gén.* 1890. *Nouv. Rev. Hist.* 1892.
[2] *Rev. gén* 1891. 1892. — *Nouv. Rev. Hist.* 1892.
[3] *ibid.* 1892. — *ibid.* 1892.
[4] *ibid.* 1892. — *ibid.* 1892.

hors de la cité, la caution, le bailleur de gage (art. 47), l'otage, « l'homme de quarante nuits », les coportageants (art. 33-35).

Enfin la saisie de deux jours (art. 21-24) [1] est réservée aux femmes qui agissent, soit contre les femmes, soit contre les hommes : elle ne figure pas parmi les saisies immédiates, et est sûrement postérieure au traité de la saisie avec délai intitulé « de quadruple espèce de saisie », et qui, dans sa rédaction actuelle, en contient cinq sortes.

L'intérêt du droit irlandais réside donc à la fois dans ces subtilités de distinction entre les cas au point de vue des délais, dans les effets mêmes qu'ils produisent, non pas en un coup, mais par une décroissance progressive, la possession passant au créancier jour par jour, et surtout dans le fait que la saisie extrajudiciaire est le seul procédé connu d'introduction des instances en Irlande. L'évolution de la législation s'est effectuée dans le fonds même de cette procédure primitive ; c'est en imaginant les délais divers de la saisie immédiate, d'abord, puis la saisie avec délai, enfin la saisie des femmes où le total des délais est augmenté encore, que s'est transformé le droit brehon : quand le droit anglais a étouffé la coutume aborigène, elle avait en elle le germe de la saisie judiciaire, mais jamais le droit irlandais ne l'a pratiquée et il est resté ainsi, des législations de l'Occident, celle qui a maintenu le plus longtemps la primitive saisie privée [2].

---

[1] *ibid.* 1891.

[2] On consultera avec intérêt sur le droit irlandais en général: H. Sumner-Maine, *op. cit.* pp. 335 ssv. et R. Dareste, *op. cit.* pp. 356-381.

DROIT ROMAIN

LEGISACTIO PER PIGNORISCAPIONEM.

LA « LEGISACTIO PER PIGNORISCAPIONEM »

La *pignoriscapio* [1] est, d'après la descriptions qu'en fait Gaïus (4.29), une véritable saisie privée : elle consistait en une prise de gage, accomplie dans des termes solennels, en l'absence du magistrat, et possible sans la présence de l'adversaire, même un jour néfaste. [2] Ce sont bien là les caractères de la saisie privée : on la comprend aujourd'hui comme un acte d'initiative individuelle, simple fait de violence au début, devenu ensuite « une procédure justificative d'un acte solennel de justice privée, provoqué par l'opposition de l'adversaire ». [3] Un procès judiciaire se greffait sur la *p. c*,, pour rechercher si la saisie était valable, si le titre était réel ou si le terme était échu : mais il est certain qu'elle se pratiquait

[1] Le mot *pignoriscapio* doit être écrit en un mot, comme l'ont déjà fait quelques auteurs, en vertu du texte d'Aulu-Gelle (*N. A.* VI. VII 10) : « ... *ita* (*ut. ususcapio*) *pignoriscapio iunctat sunt partes et producti dicebatur* »

[2] Gaïus. 4 29 : « Ex omnibus autem istis causis artis verlis pignus capiebatur... pignoriscapis extra jus peragebatur, id est non apud practorem, plerumque etiam absente adversario... præterea quod sefanto quoque die, id est quo non licebat agere pignus capi poterat.

[3] R. de Ihaing, *Esprit du droit romain* (trad. franç.) I pp. 153, 164.

sans jugement préalable et peut-être malgré la résistance de l'adversaire qui ne pouvait que réclamer ensuite.

Les circonstances et les conditions d'un tel procédé montrent donc bien que les Romains ont connu, eux aussi, la saisie privée : cependant il est nécessaire d'étudier de près, avant d'entrer dans le détail des cas particuliers, le fondement et l'histoire de la *l. a. p. p. c.*, car, à Rome mieux qu'ailleurs, à raison même du peu d'antiquité des institutions, la saisie est emprisonnée, dès les origines, à la fois dans le système des *legis actiones* dont elle suit l'évolution, et dans la théorie du droit public auquel elle se rattache par son but et sa base.

PREMIÈRE PARTIE

LA *L. A. P. P. C.* EN GÉNÉRAL

L'histoire du droit romain présente dans les voies d'exécution une suite de transformations originales et rationnelles ; ne connaissant d'abord que la procédure primitive de la saisie personnelle du débiteur, *manus injectio*, elle ne laisse plus au créancier, à mesure que se développe la civilisation, qu'une procédure de dessaisissement général, *venditio bonorum*, imaginée à l'exemple du droit public, pour aboutir enfin à la saisie d'un bien particulier, *bonorum distractio*, issue de la procédure extraordinaire des magistrats.

Mais dans cet enchaînement logique des institutions, dans cette décadence progressive des rigueurs de l'exécution, apparaissent, comme deux singularités, d'une part, à l'époque classique, le *pignus ex causa judicati captum*, de l'autre, pendant la procédure des *l. a.*, la *l. a. p. p. c.* : de ces deux moyens de but analogue, le second seul doit nous occuper, le premier étant employé par le magistrat en vertu de son droit de coercition, principalement en matière de *cognitio*

extraordinaria, après un jugement rendu. Sur le *pignus ex.
c. j. captum*, la seule observation à présenter est qu'il est
souvent confondu avec la *p. c.* générale du magistrat et
étudié sous ce nom dans des textes du Digeste qui n'en
parlent pas [1] ; il n'est, en effet, qu'un doublet et une réviviscence de cette *p. c.* du droit public et administratif, comme
tout aussi le fait supposer pour le cas particulier de la *Lex
Metalli Vipascensis*. [2] Poer la *l. a. p. p. c.*, le fondement est
moins sûr, du moins pour certains auteurs, et il nous faut
examiner si elle n'est qu'une survivance et un débris d'une
saisie privée antique et générale, ou plutôt si elle n'est pas
dérivée du droit public par une délégation au particulier.

§ 1. — Fondement de la *l. a. p. p. c.*

La *l. a. p, p, c* doit être distinguée tout d'abord de la *p. c.*
qui subsistait en droit international dans les rapports de Rome
avec les étrangers [1] et de celle du droit interne public dans

---

[1] Sur le *pignus ex. c. j. captum*, voy. D. 42. 1. 15, 2-12; 31 ; 40. — C. 8. 23. 1. D. 48. 13. 9. 6. prouve que la *p. c.* du magistrat existait encore à l'époque de Paul et non pas que le *p. ex. c. j. captum* existait déjà sous Labion, — D. 9. 2. 29. 7. vise aussi la *p. c.* du magistrat municipal : de même D. 27. 9. 3. 1. — Cf. A. Esmein, *Mélanges d'hist. du droit et de critique*, p. 274 n. 4. — A. Permice, *Volksrechtliches und amtsrechtliches Verfahrem in der rümischen Kaisergeit* dans *Festgate fün Beseler* pp. 52, 78, 1 : trad, ital. d : *Areh Giurid.* t. XXXVI (1886) p. 148, n. 1.

[2] Cf. *infra*. IIe Partie; §IV.

[3] Festus v° *Nancitor*: Nancitor in XII nactus erit, prenderit. Item in fœdere Latino: « Pecuniam quis nancitor, habito », et: « si quid pignoris nasciscitur, sibi habeto. »

les rapports de l'Etat avec les particuliers [1] . Elle ne peut
être mêlée à ces deux *p. c.*, parce qu'elle est soumise, quoi
que procédure d'initiative privée, à une forme solennelle et
s'exerce, non pas librement, mais la procédure d'une *l. a.*
On remarquera aussi qu'elle n'était donnée que dans un petit
nombre de cas, énoncés soit par Gaïus (4, 26-28), soit par des
inscriptions (*S. C. de Pago Montano, Lex Metalli Upascentis*) et
que tous les cas relèvent d'un intérêt militaire, religieux ou
public.

Une première théorie a vu, dans la *l. a. p. p. c.* le reste
d'un état de droit antérieur où elle aurait été plus fréquente,
à côté de la *manus injectio*, qui, peut-être restreinte à un certain moment, a très bien pu reprendre, par suite de l'anarchie
du monde latin, une place plus grande, comme on voit en
Gaule la *pigneratis* germanique supplanter la procédure gal-
lo-romaine et reprendre un nouvel essor dans les troubles qui
amenèrent la féodalité. Cette évolution, qui concorderait avec
l'histoire générale, ne résoudrait pourtant qu'une partie du
problème ; l'existence même de la *l. a. p, p. c.* dans la procédure ancienne de Rome ; elle se heurte à l'énoncé de Gaïus
(4. 26, n q.) car elle est incapable d'expliquer la raison d'être
et le motif des cas où la *l. a.* est en vigueur. [2]

Il faut chercher, non pas dans l'évolution générale du droit
indo-européen, mais dans les pures conceptions romaines, le
pourquoi de la *l. a. p. p. c.* ; il faut se résoudre à voir ici une
théorie originale, sortie de l'esprit même du droit romain qui,

[1] Cf. les textes cités par M. Mommsen, *Droit public* (trad. P. F. Girard)
2 éd. I, p. 183.

[2] Cette théorie historique est celle de Sumner-Maine, *Instit. prim.*
(trad. franç. pp. 318 et 111) : elle est admise par M. J. Declareuil, *La
justice dans les coutumes primitives* pp. 108-109 du tirage à part. (*Nouv.
Rev. d'Hist du droit* 1889), et par M. R. Dareste, *Etudes d'hist. du droit*,
p. 359.

dégagé presque à sa naissance de son origine aryenne, s'affranchit bien vite de la tradition et puise en soi de nouvelles et fécondes déductions.

Si l'on réunit les cas limitatifs que signalent Gaius et les inscriptions, le caractère commun qui les rattache est l'intérêt d'ordre public [1] et l'explication s'en trouve facilement dans la seconde théorie : celle qui fait de la *l. a. p. p. c.* exercée par le particulier une délégation du magistrat. Les magistrats supérieurs et aussi les tribuns du peuple, les censeurs et les édiles tiraient de leur *imperium* le droit de coercition qui se manifestait par l'application de l'amende, liée à la saisie [2] : la saisie se distingue de l'amende en ce qu'elle ne peut jamais mener à la provocation, et surtout parce qu'elle seule peut être conférée au particulier qui l'exerce par délégation [3]. Et c'est la délégation qui justifie l'emploi de la *p. c.* dans les exemples connus de *l. a. p. p. c.* : en effet, elle explique 1) qu'on ne la rencontre qu'en matière publique, religieuse ou militaire : elle était accordée aux publicains (G. 4. 28) in fine et aux fermiers des monopoles à eux assimilés (*Lex Met. Vipasc.*) par délégation des censeurs et du *procurator Cæsaris,* — aux particuliers contractant en vue d'un sacrifice (G. 4. 28. in princ.) par délégation des

[1] Autrefois, on admettait que la *l. a. p. p. e* était donnée en vue d'un intérêt privé, au cas de *damnum infectum* ; voy la réfutation de cette théorie, *infré*, II° partie. § VI.

[2] Loi Quinctia de 745 : « ... *cogendi cœrcendi multæ dicendæ sive pignoris capiendi jus potestaque esto* » (P.-F Girard, Textes de droit romain, p. 80.) — Cf. Mommsen Staatsrecht, 3ᵉ édit. allem I. 161-162, trad. franl. I. 2ᵉ éd. pp. 183. 55 V. et *Adde*: D. 9. 2. 29. 7 ; 20. 4. 10 ; 26. 7. 2. pr. ; 27. 9. 8. 1 ; 39. 2, 4. 2 ; 43. 13. 9. 6. Allu-Gelle (XIV 7) rappelle une lettre de Varron relative à la *p* c. contre le sénateur absent du Sénat, et la *lex Coloniæ Genetivæ Juliæ* c. XCI donne un exemple analogue. (P -F. Girard, *Textes*, p. 89.)

[3] Mommsen *loc. citi* et trad. franc., p. 184.

pontifes, — aux soldats et chevaliers (G. 4. 27) par délégation de l'État lui-même, — enfin à « *quis volet* » (*S. C. de Pago Montano*) par délégation du censeur chargé avec les magistrats qui le remplacent pendant l'intermittence des censures de veiller au respect des lieux sacrés [1] ;

2) Elle explique qu'il s'agisse dans le cas des publicains (G. 4. 28 in fine) non d'une loi ou plébiscite proposée par un *Censorius* quelconque, mais du cahier des charges « *lex* » rédigé par le censeur lorsqu'il affirmait les *agri vectigales*, et contenant une clause de délégation des on droit de coercition ;

3) Enfin on comprend avec cette théorie la raison d'être de la *l. a. p. p. c.* dont la présence vient quelque peu bouleverser l'enchaînement rationnel des divers systèmes pratiqués en matière d'exécution : tous tendaient à la garantie des droits des créanciers dans les rapports privés, seule la *l. a. p. p. c.*, par une dérogation difficile à justifier selon l'évolution historique pure, sanctionnait des intérêts supérieurs [1].

Mais, en passant par délégation du magistrat au particulier, la saisie s'est transformée et assouplie, car, armé de légalité et de justice aux mains du magistrat représentant de l'autorité, elle eût pu devenir une cause de violence entre celles de l'individu agissant personnellement. La coutume prudente soumit donc la *p. c.* exercée par lui à des conditions de forme qui n'existaient pas pour le magistrat, en en faisant

---

[1] Ces cas seront repris en détail dans la II⁰ partie.

Le système que nous exposons est celui de M. A. Pernice (*Festgale Fü Beseler. loc. cit.*) déjà émis par le même auteur dans ses *Parerga* II (*Zft. der Savigny-Stiftung R. A. V.* (1884) pp. 95-96, 127-130.) Il Il serait peut-être facile de concilier les deux systèmes en admettant que la saisie privée, anciennement permise à tout particulier, fut abolie à leur égard, tandis que l'Etat aurait gardé pour ses magistrats ce droit qu'il enlevait aux citoyens ; il le leur aurait restitué. dans la suite, par délégation exceptionnelle ; cette théorie intermédiaire nous reporterait nécessairement à l'époque de la royauté, sinon avant.

une *l. a.* sacramentelle, et produisant des effets différents de ceux de la *p. c.* non déléguée :

1) La coutume et les lois obligent le créancier qui saisit, à suivre la procédure de la *l. a.* : la seule formalité consistait, d'après Gaius (4. 29), en des paroles solennelles, les autres circonstances restant les mêmes que pour la *p. c.* du magistrat : absence du préteur, absence de l'adversaire, saisie possible les jours fastes ou non. Mais l'unique obligation du prononcé de « *certa verba* » suffisait à empêcher les actes de violence, ou du moins permettait au débiteur de former opposition à la saisie pratiquée sans « *certa verba* » ou dans des termes non solennels. Le danger de l'acte extrajudiciaire était ainsi écarté, par un procédé analogue à l'autorisation préalable du juge d'après la Loi salique ou à la présence des témoins du très ancien droit français et du *file* irlandais ou du *godi* scandinave.

2) En déléguant le droit de coercition au particulier, la coutume en avait aussi atténué les effets : le magistrat pouvait détruire le gage saisi, dévaster le champ ou démolir la maison du contrevenant à son ordre : cela s'appelle *pignus cædire* [1]: il n'y a pas trace, au moins à l'époque ancienne, de la vente des tiers saisis au profit de l'*ærarium* : au contraire, le particulier n'a pas le droit de détruire le gage, d'abord parce que le but de sa saisie différait de celui du magistrat et que le gage devait rester entre ses mains, comme moyen de contrainte destiné à amener le débiteur à s'exécuter, ou comme dation en paiement selon certaine opinion.

---

[1] Mommsen *op. cit.* trad. P -F. Girard. 2ᵉ éd. I. p. 183 et w. 2.

§ II. — NATURE ET EFFETS DE LA L. A. P. P. C.

I

La seule condition imposée à la saisie extra-judiciaire romaine était l'emploi de « *certa verba* » (G, 4, 29 in mit), dont la formule peut être ainsi rétablie : *Quod mihi L. Titius pupillus attributus est qui mihi bina milia hordiarii æris in annos singulos penderet, neque id voluit, cove nomine satisfecerit, ob eam rem illos boves capio* »[1]. L'absence des formalités ordinaires auxquelles devaient obéir les autres *l. a.* paraissait une anomalie : Gaïus le fait remarquer au § 29 in fine : « … cum alioquin ceteris actionibus non aliter uti possent quam apud prætorum præsente adversario ». Et cette anomalie avait fait refuser à la *p. c*, par quelques juristes, le caractère de *l. a.* La plupart, au contraire, lui avaient maintenu son caractère à raison même de l'obligation des paroles solennelles, et Gaïus suit l'exemple de la majorité (G. 4. 26. 29).

Cette controverse des « *plerique* » et des « *quidam* » disparut fatalement avec les lois abolitives de la procédure ancienne et supprimant pour toujours les actions de la loi (Lois *Juliæ judicariæ* de 737), mais elle est intéressante au regard de l'ancien droit en ce qu'elle indique parmi les juristes deux conceptions différentes de la *l. a.* : les « *quidam* » qui re-

[1] Duonamici. *Storia della proudura civile romana*, L. p. 87.

fusaient à la *p. c.* le caractère de *l. a.* ne se fondaient évidemment que sur une conception étroite du terme *l. a.* : pour eux, la *l. a.* était l'acte formel, accompli « *in jure* », en présence de l'adversaire, comme le *sacramentium* ; dans l'esprit des « *plerique* », la *l. a.* reposait sur un critérium plus large. l'emploi des *certa verba* qui enlevait à l'acte, même extra-judiciaire, son caractère de pur fait en lui donnant celui de procédure légale et formelle. La question du critérium de la *l. a.* prit toute son importance au moment de l'application des lois de réforme introduisant la procédure formulaire, et la *l. a. p. p. c.* fut certainement touchée comme le démontre l'action fictice de Gaïus (4. 32) : cela prouve que la pratique protérienne avait suivi l'avis des « *plerique* », mais cela n'empêche pas qu'il existât en dehors des cinq *modi lege agendi* classiques (G. 4. 12), des *l. a.* (*lato sensu*) dont l'existence est connue par des textes formels sous la première période de l'histoire du droit romain (p. ex, la *l. a. damni infecti*, la *l. a. aquæ pluviæ arcendæ* etc.....) et dont les lois de réformes ne semblent pas s'être préoccupées. La raison oblige à admettre que la théorie générale donnait au mot *l. a.* deux sens : le sens large et le sens étroit, réservé aux procédés connus, et que la *p. c.* déléguée qui était une *l. a.* au sens large, était devenu, après controverse, une *l. a.* au sens étroit, atteinte à cause de cela, par les lois de réforme [1].

---

[1] Bethmann-Holweg, *Rom Civilprocess*, 1, § 30. p. 40 et surtout Wassak, *Rom Processgesetz*, p. 157.

II

La *l. a. p. p. c.*, quelle que soit sa nature, produisait des effets propres : elle ne concédait pas au saisissant le droit de vendre le gage, car le créancier gagiste ne fut autorisé à la faire que fort tard et on a peine à comprendre pourquoi la conception eût été différente à l'égard du gage saisi et non reçu. Le gage restait entre les mains du saisissant, non comme une propriété résoluble par le paiement de la dette, mais plutôt comme une possession protégée par les interdits quand ils furent créés. Le créancier ne pouvait en disposer parce que le rachat était toujours possible pour le débiteur et, sans doute à un taux supérieur à celui de la dette primitive, c'est la théorie généralement admise, et fondée sur le § 32 de Gaius, — mais on diverge sur la nature et la source de l'augmentation. La formule fictice donnée au publicain (G. 4. 32) montre, en effet, qu'il pouvait exiger une somme égale à celle qu'il eût obtenue si la p. c. avait été pratiquée: *ut quata pecunia oline, si pignus captum esset, id pignus a quo captum erat, iuere deberet, tantam pecuniam condemnetur.* » Ce texte prouve qu'il naissait à son profit un droit de créance (arg. *deberet*) et il en est fait une application concrète dans la loi Agraire de 643; de plus la créance, à laquelle en a voulu attacher un caractère pénal en se fondant sur le mot « *luere* », semble être supérieur à la créance primitive en ce sens seulement que le créancier aurait droit au remboursement des impenses faites sur la chose gagée[1] , le mot « *luere* » exprimant la répara-

[1] Karlowa, *Rom Civilprocess zin zeit der Legisactionem*, p. 206.

tion de ces impenses ; on peut ajouter à cette conclusion que la coutume a imaginé d'augmenter le taux de la réparation, afin de ne priver le créancier d'aucun profit, à une époque où ni l'action *pignatitia* contraire ni l'action *negotiorum gestorum* n'existaient : Cette théorie de M. Karlowa a avant tout le caractère d'une hypothèse ingénieuse ; le meilleur est encore de s'en tenir à la doctrine reçue et de voir dans le « lucre » une créance pénale.

Si le débiteur ne voulait pas racheter le gage, au bout d'un certain délai, il est probable que le créancier en était déclaré propriétaire, en vertu d'une *datio in solutum* [1] : un argument en ce sens se tirerait plus facilement de la comparaison avec les coutumes primitives connues, que de l'assimilation au gage conventionnel comme le propose M. Karlowa. [2]

Une autre difficulté relative aux effets de la *l. a. p. p. c.* se pose au sujet de la preuve : la *l. a. p. p. c.* changeait-elle les rôles et était-ce au défendeur à démontrer le mal-fondé de la saisie, quand la règle voudrait que ce fût au saisissant à justifier son droit avant de saisir ? C'est une question qui est résolue diversement par les législations anciennes, et qui se réfère aux théories de la contradiction possible ou non à la saisie. Pour le droit romain, la difficulté naît d'un texte relatif au publicain : M. Degenkolb [3], interprétant un passage des Verrines [4], suppose qu'en Sicile et dans les autres provinces,

[1] M. Cuq, *Instit. Jurid. des Romains*, p. 432 confond, au point de vue des effets de la *p. c.*, la *l. a. p. c.*, et la *p. c.* du magistrat. — Sur le droit du saisissant, cf. Dernburg, *Opandrecht*, I, pp. 47-49.

[2] M. Karlowa, *op. cit.*, p. 207, nº 1 augmente de Caton *de R. R.* 146 : « Donicum solutum erit, aut ita satisdatum erit, quæ in fundo illata erunt, pigneri sunto. Ne quid eorum de fundo deportat. Si quid deportaverit, domini esto. » Cette formule paraît plutôt être l'origine de l'interdit Salvien. (Cf. I. Lameire. *De l'Interit salviem*, thèse de Paris 1892.)

[3] *Lex Hieronica*, p. 54. w.

[4] Verr. Act. 2. III. 11. 27 : « Utium est aconius decumanum petere,

la saisie continuait, malgré l'opposition du défendeur, qui devait faire la preuve de l'illégalité de la saisie en réclamant le gage enlevé. Cicéron semble, au contraire, d'après M. Karlowa [1], opposer par la question même le droit des autres provinces à celui établi en Sicile par Verrès, et le texte montre que le droit suivi dans l'Empire (sauf en Sicile) différait pleinement de la théorie germanique, au point de vue de la contradition à saisie, cela n'étant pas d'ailleurs étonnant à raison même des progrès réalisés par Rome.

§ III. — HISTOIRE DE LA L. A. P. P. C.

L. *p. c.* était une institution coutumière, étendue ensuite par des textes positifs à d'autres cas : ainsi c'était la coutume qui l'avait introduite en matière militaire (G. 4. 26. 27), tandis qu'en matière religieuse c'était la loi des XII Tables (G. 4. 28) et pour les publicains le cahier des charges du censeur (G. 4. 28).

Mais le point délicat de son histoire n'est pas tant dans son origine ni dans l'examen de ses extensions ; il faut rechercher quelle fut sur la *l. a.* l'influence des lois de réforme, la loi *Ebutia* de 605-630 d'une part, les lois *Juliæ judiciariæ* de 737 de l'autre [2]. La théorie récente de M. Wlassak ne donne pas à ces lois la même portée : la première, créant un

an aratorem repetere ? judicium integra re an perdita fieri ? eum qui manu quasierit, an eum qui digito licitus sit possidere ? »

[1] *Op cit* p. 204. w. 1.

[2] La date de 737 est certaine ; celle de la loi *Aebutia*, omise par M. Wassak, a été déterminée par M. P.-F. Girard dans *Nouv. Rev. Hist. de Droit* XIII (1889), p. 299.

nouveau *modus agendi*, l'*agere per formulas*, permit de choisir entre la *l. a.* ancienne et le procédé nouveau, car il était bien dans l'esprit des Romains de ne pas brusquer les choses et de laisser à la pratique le temps de faire son œuvre ; les lois *Juliæ*, inspirées par le succès de la réforme, ont abrogé définitivement les *l. a.* et établi la procédure formulaire. Cette théorie qui ne choque en rien le texte du § 30 de Gaius s'appuie sur un argument très fort : on rencontre avant le principat des institutions nouvelles qui n'eussent pu exister sous la procédure des *l. a.*, à une époque où le préteur n'avait pas le pouvoir de faire du droit (Arg. G. 4. 11), et on trouve les *l. a.* encore persistantes pendant le viie siècle et employées concurremment avec la procédure récente[1].

La coexistence des deux *modi agendi* est démontrée par la *p. c.* comme pour les autres actions : les verrines (684) portent la trace d'une *l. a. p. p. c.* au profit des publicains, et si elles ne sont pas concluantes aux yeux des auteurs, on peut invoquer le passage des *Quæstiones epistolia* rapporté par Aulu-Gelle (X. A. VII. 10. 2.) où Varron traitait de la *l. a. p. p. c.* comme d'une institution encore vivante[2] et surtout la petite inscription du viie siècle où est transcrit le *S. C. de Pago Montano* (Rome) accordant comme sanction à sa prohibition la *p. c.* à côté de la *manus injectio* on a discuté sur sa nature. on reconnaît aujourd'hui qu'elle indique, non la *p. c.* du magistrat, mais celle déléguée par lui sous la forme d'une *l. a.* D'autre part. postérieurement à la loi *Æbutia* et avant

---

[a] Analyse du livre de M. Massak, par M. P.-F. Girard, *loc cit.* (corr. Varronis

[2] « Verba catonis sunt ex primo epistolicarum quæstionum : *Pignoriscapio ob aes militares, quod aes a tribuno aerario miles anipere delebat, vocabulum seorsum fit.* » Sur la mention *Varronis*, voy. l'édition d'Aulu-Gelle, de M. Hertz.

ur le *S. C. de Pago Montano*, voy. *infra* IIe Partie, § III.

737, une formule s'était introduite par la *l. a. p. p. c.* : Gaius la mentionne pour son époque au § 32 et la loi Agraire de 643 bl. 36-47, 72 en atteste la présence déjà avant l'abrogation des *l. a.*

La loi *Æbutia* ayant donné au préteur le pouvoir de créer des formules qu'il proposait aux parties, il en profita pour imaginer une formule fictice de la *l. a. p. p. c.* qui prit place à côté de l'ancien procédé et plus tard le supplanta [1]. Mais la construction même de la formule fictice honoraire démontre que la loi *Æbutia* n'avait pas atteint profondément la *l. a. p. p. c.* et il reste à rechercher quelle avait été son action sur elle.

« La *p. c.* était un acte légal extrajudiciaire qui n'exigeait en aucune façon l'organisation d'un *judicium* et qui généralement ne pouvait avoir pour suite une procédure judiciaire qu'autant que le *pignerator* acquérait par une saisie solennelle une procédure munie d'action, » dit M. Wlassak (*op. cit.* p. 254). Or, les lois de réforme étaient si peu semblables aux lois ordinaires qu'au lieu de créer une compensation à l'ancienne *p. c.*, elles changèrent simplement le moyen de poursuivre la demande en rachat du gage ; elles laissèrent en dehors d'elles la saisie, comme tous les actes extrajudiciaires, se bornant à remplacer la *l. a.* qui se greffait sur elle par une *petitio* ordinaire [2]. Le seul effet de la loi *Æbutia*, en notre matière, fut donc de permettre la création de la formule fictice : cependant, si quelques juristes avaient refusé à la *p. c.*

---

[1] A quelle époque remonte la suppression que Gaius signale au IIe siècle? M Wassa *op. cit.*, p. 257 déclare l'ignorer et pense que le chapitre de la loi Julia sur l'abrogation des l. a. pouvait être « intentionnellement » pris comme si général qu'on en tira après Auguste la suppression de la *l. a. p. p. c.*

[2] L'auteur démontre, par cette inapplicabilité des lois de réforme aux actes extrajudiciaires, la muvivance de la *legis actio damni infecti*, signalée par Gaius. 4. 31. Voy. son livre. pp. 260-268.

le caractère de *l. a.* (G. 4. 29) et l'avaient ainsi maintenue
horsdu cercle d'influence des lois nouvelles, la plupart leur
avaient donné prise sur la *l. a. p. p. c.*, non pas en tant que
saisie destinéeà disparaître en une formule, mais en tant que
saisie solennelle accompagnée de *certa verba*. Les *certa verba
in odium venerunt*, (G. 4. 30)ici comme dans la *manus injectio*,
et la plupart des juristes les déclarèrent supprimées par les
lois de réforme : leur suppression faisait alors de la saisie un
acte sans forme destiné seulement à obliger le saisi par une
sorte de droit réel, analogue au gage, mais le préteur n'a pas
pu déduire en formule l'acte même réel, il a dû remplacer
uniquement la *l. a.* quand elle « rappelait à la vie » une procédure relative au *lucre debere* [1].

Cette théoriefort ingénieuse de M. Wlassak, étendue à tous
les *l. a.* (*lato sensu*) extrajudiciaires, décompose la *l. a. p. p. c.*
en deux phases : un acte de début *extra jus* avec paroles solennelles, — une procédure par *l. a.* venant s'enter sur lui à
l'effet de déterminer le taux du rachat par le saisi personnellement obligé par l'acte de début ; quand arrive la procédure formulaire, elle n'a pas pu toucher au premier acte, extrajudiciaire, nécessaire pour établir le droit du saisissant,
mais elle a transformé et simplifié la *l. a.* judiciaire en l'introduisant dans la formule fictice de Gaius 4-32 et de la loi
Agraire de 643. Cette thèse entrevue par M. A. Pernice [2] répond complètement à l'idée qu'on se fait de la saisie privée
romaine, et elle paraît confirmée par les Verrines, du moins
aprèsune controverse, que nous retrouveronssur la *l. a. p. p. c.*
des publicains.

---

[1] Wassak *op. cit.* pp. 2 5-256.
[2] A. Pernice, *Parerga* II (*Ift. der Sav. Ptift. R. A. V.* 1884, p. 129.)

DEUXIÈME PARTIE

CAS PARTICULIERS DE *L. A. P. P. C.*

Connaissant le fondement, les effets de l'histoire de la *l. a. p. p. c.* en général, il convient de reprendre chaque cas en particulier et de les étudier en eux-mêmes. Les hypothèses présentées par Gaius (4, 27-28) se rapportent au droit militaire, religieux et public ou administratif : de la *p. c.* des publicains, il faudra rapprocher celle que donne aux fermiers de monopoles la *Lex Metalli Vipascencis*, et ajouter aux cas signalés par Gaius celui du *S. C. de Pago Montano*. Enfin, une intéressante difficulté se pose au sujet du *damnum infectum* : la procédure suivie en cette matière était-elle celle de la *p. c.*? L'examen de cette question terminera l'étude des cas particuliers de *l. a. p. p. c.*

§ I.

Les trois cas d'application de la *l'a.* en matière militaire

viennent de la coutume : « *Introducta est moribus rei mili-
taris* » (G. 4. 27.) ; dans tous trois, elle est accordée aux soldats et chevaliers (*equites*) comme sanction du défaut de paiement de leur solde ou des fournitures à eux dues.

I.

D'abord la *p. c.* appartenait à tout soldat pour défaut de
paiement de sa solde, *stipendium ou res militare*. C'était, en
effet, au soldat lui-même qu'elle était donnée, et non pas à
un fonctionnaire public, parce que, depuis que l'armée rece-
vait une solde [1], l'administration s'était déchargée sur elle
du soin de recouvrir : elle aimait ces procédés qui la dis-
pensaient des complications et des ennuis de la perception et
s'en remettait volontiers à des fermiers ou aux intéressés
qu'elle armait, par délégation, de ses droits; on trouve le
même système pour l'*aes equestre* et l'*aes hordiarium*. La
solde était due au soldat « *ab eo qui distribuebat* » [2], c'est-à-
dire par le *tribunus aerarii* [3] comme le montrent Varron (*de l.
l.*) et *quaest. epist.* rapportées par Aulu-Gelle [4].

Qu'était-ce donc que les *tribuni aerarii* ? On sait peu de

[1] M. Mommsen (*Rom. Tribus*, p. 31) a montré qu'il existait une
solde avant 348, mais qu'elle était fournie depuis cette date seulement
de publico: auparavant elle était payée par les districts.

[2] La lecture de Niebuhr *qui tribuebat* est abandonnée depuis la dernière révision de Studemund sur G. 4, 27.

[3] Certains textes semblent faire d'*aerarii* le génitif d'*aerarium* dans
les termes *tribuni aerarii*, mais il est sûr que c'est *tribunus aerarius*
qui est la bonne leçon.

[4] Varron *de l. l.* V. 181 : « Quibus attributa erat pecunia ut militi
reddant tribuni aerarii dicti, id quod attributum erat aes militare ». —
Varron, ap. Gell. VI. (VII). 10, 2. — Cf. Karlowa, *op. cit.* pp. 208-211.

choses sur eux : Festus se borne à dire : « *Aerarii tribuni a tribuendo aere sunt appellati* », et l'acte le plus important qui s'en occupe est la loi *Aurelia* de 684 qui en fait une classe de jurés venant après celle des chevaliers et souvent confon-due avec elle [1]. M. Mommsen a conjecturé que c'était les *cu-ratores tribuum* qui présidaient les sections aux jours des élections dans les comices par centuires : mais Varron ne parle pas de cette fonction, et Festus montre bien que leur mission était de distribuer de l'argent [2]. Madrig a pensé avec plus de raison qu'ils étaient des particuliers choisis eu égard à leur grande fortune pour percevoir dans chaque tribu la contribution destinée à couvrir la solde [3]. Il eût été d'ailleurs contraire aux principes de l'administration romaine de per-mettre de saisir contre un magistrat, et puis, étant établi qu'elle se déchargeait sur le soldat du recouvrement de la solde, n'est-il pas plausible qu'on abandonnait ici, comme pour les publicains, à des particuliers la mission de percevoir l'argent chez les débiteurs du trésor?

Bruns [4] s'appuyant sur deux passages de Plaute a sou-tenu qu'une attribution directe des contribuables était seule possible : il s'agit dans l'*Aulul.* III, 5, 53-58 d'un homme assailli par des créanciers innombrables et qui s'écrie :

> Ibi ad postremum (ac)cedit miles, æs petit.
> Itur putatur ratio cum argentario
> Miles impransus adstat, æs censet dari.
> Spes prorogatur militi in alium diem.

[1] Vell. Paterc. II, 32, et textes cités par Madvig, *infrà.* — Mommsen, *Droit public*, trad. franç. VI, 1, p. 207 n. 2.

[2] Mommsen, *Droit public*, trad. P. F. Girard, VI, 1, p. 285, n. 2 ;

[3] Madrig, *l'Etat romain*, trad. Ch. Morel, I, pp. 197-200, III, p. 10. — Willems. *Droit public romain*, 6e éd., p. 94-96, n. 3.

[4] Bruns, *Lur Gesch., der Cession.* (Symb. Bethmanno-Hollevegis oblatae), pp. 35-36.

Les vers du *Pœnulus* V, 5,5-7. visent un soldat qui, invité à déjeuner par un *leno*, ne rencontre personne et prend un gobelet en disant :

Ubi nec leno neque illæ redeunt, nec quo edim quiquam datur.
   Pro majore parte prandi pignus cepi. abii foras.
   Sic dedero, ære militari titigero lenunculum.

Ces deux passages pourraient certainement corroborer la leçon autrefois proposée par Niebühr, contrairement à Huschte et Studmand [1], mais rien ne prouve que le soldat de Plaute n'agit pas chez le particulier comme il le fait chez le *tribunus ærarius*, d'autant plus que Vaton cité par Aulu-Gelle rapportait ces vers à propos du *tribunus ærarii* : d'ailleurs les textes cités paraissent formels.

II

L'*aes equestre* [2] était l'argent dû au chevalier pour l'achat de sa monture : une *p. c.* lui était accordée pour le recouvrer. Mais ici pas plus que dans le cas suivant, Gaius ne parle pas de « *is qui distribuebat* »; contre qui était donc donnée la *p. c.* ?

D'après Tite-Live (s. 43-9) c'était le trésor qui devait l'argent d'achat des chevaux : « ad equos emendos X millia aeris (875 fr.) ex publico data », tandis que Cicéron, confondant l'*aes equestre* et l'*aes hordiarium*, les attribue tous deux,

[1] E. Costa, *Il diritto privato nelle comedie di Planto* pp. 441-442.
[2] Gaius 4. 27 : « Item propter eam pecuniam licebat pignus capere ex qua equus emeudus erlat; quæ pecunio dicebatur æs equestre. »

comme à Corinthe, aux « viduae et orbi » [1]. La contradiction est levée, si l'on admet, avec Huschke et Bruns que les termes de Cicéron « orborum et viduarum tributis » ne se rapportent qu'à « alendis » et non à « assignandis » [2], ou que Cicéron s'est laissé entraîner dans sa comparaison avec Corinthe : dans ce cas, l'*aes equestre* étant dû par le trésor, il est vraisemblable que la *p. c.* s'exerçait contre le *tribunus aerarii* [3] : si Gaius n'en dit rien, il peut très bien s'épargner un détail historique sur un système mort [4].

III

Par *aes hordiarium*, on entend l'argent destiné à acheter la nourriture du cheval [5]. Le chevalier a droit dé *pignus copere* non pas contre le *tribunus acraici*, mais contre les contribuables mêmes redevables de l'impôt. Ces contribuables étaient d'après Tite-Live (I, 43) les *viduae* qui devaient chaque année deux mille as 175 fr. [6], et d'après Cicéron (*de Républ. 2. 20*) les *viduae et les orli*, à Corinthe comme à Rome.

[1] De Republ. 2. 2) : « etiam Corinthios video publicis equis assiguandis et alendis orborum et viduarum tributis fuisse diligentes. »

[2] Huschke *Servius Tullius*, p. 368. u. 26 et Bruns, *op. cit.* p. 35 cités par M. Karlowa, *op. cit.* p. 209, u. 2.

[3] Mommsen, *Rom. Tribus*, p. 48. *Droit Public* (trad. P.-F. Girard) VI. l. p. 290. u. 2.

[4] Karlowa *op. cit.*, p. 209. — L'opinion contraire est soutenue par Keller. *Rom. Civilpi.* § 20 et Rudorff, *Rechtsgesch.* § 25.

[5] Gaius 4. 27. *in fine* : « Item propter eam pecuniam ex qua hordeum quis erat comparandum ; quœ pecudia dicebatris æs hordiaricine. »

[6] « Et quibus alerent, viduœ attributœ, quæ tina millia œns in annos singulos penderent. » — Mommsen. *op. cit.* p. 290. u. 2.

La *viduae* était la femme non mariée, veuve ou célibataire [2] : l'*orbus* (plus tard *pupillus*) était le *mi juris* orphelin, ou ayant perdu ses enfants ; on voit donc que la taxe était due par les personnes ne pouvant porter les armes et non représentées par un *paterfamilias*.

Quand disparurent les cas d'application de *l. a. p. p. c.* en matière militaire ? Ils ne franchirent certainement pas la période des actions de la loi : le premier cessa quand l'Etat fit payer la solde par les questeurs, en a28, d'après Willems [2] ; l'*aes equestre* disparut peut-être quand, à la suite des réponses de Sulla, le cens ne fut plus perçu et que les *equites equo publico* cessèrent d'exister [3] ; enfin le dernier tomba en désuétude vers la moitié du vi siècle d'après M. Cuq. [4]

§ II. — La *l. a. p. p. c.* en matière religieuse.

Le roi, en sa qualité de magistrat et de prêtre, possédait certainement le droit de contrainte sur les siens : quand ses pouvoirs passèrent d'une part aux magistrats, de l'autre aux prêtre, ceux-ci comme ceux-là gardèrent la voie d'exécution réelle en concours avec la *multae dictio* [5] ; et c'est par suite

---

[1] D. 50. 16. 242. 3 : « Viduam non solum, quæ aliquando nupta fuisset, sed eam quoque mulierem, quæ virum non habuisset, appellari ait Labeo. »

[2] *Droit public romain*, p. 1C5. Willems. *Le Sénat*, II. 357.

[3] Mommsen *op. cit.* VI. 2. p. 80.

[4] *Instit. Jurid. des Romains*, pp. 430-431.

[5] Le grand pontife a le droit de coercition envers ses prêtres, comme le montre l'exemple de *Licinius Crassus* contre Q. *Fabius Pictor*, flamine de *quirinus* dans *Liv. 37. 51.* (Mommsen, *op. cit.* trad. P. F. Girard III, p. C5 et n. 2).

d'une délégation analogue à celle du magistrat dans les cas
connu de *p. c.* que le particulier exerça, la *l. a. p. p. c.* comme
sanction d'un contrat ordinaire auquel se mêle un caractère
religieux. (Gaïus 4, 28).

En premier lieu, la *l. a. p. p. c.* était donnée contre celui
qui avait acheté une victime et ne payait pas son prix : une
décision de la loi des XII Tables l'avait voulu ainsi. Il est à
croire qu'auparavant elle appartenait au prêtre non payé, et
que la loi décemvivrale ne fit qu'étendre la disposition à tout.
vendeur [1]. La concession au particulier d'un tel moyen
d'exécution se comprend, car l'intérêt religieux exigeait
qu'aucun obstacle matériel, le défaut de paiement du prix,
ne vienne entraver l'accomplissement des devoirs envers
les Dieux [2]; mais, sortant de la conception religieuse très
favorable au vendeur, on peut dire aussi que la *l. a. p. p. c.*
était le seul procédé applicable, et que, sans elle, le vendeur
serait resté dépourvu de toute action : en effet, l'action *venditi*
n'existait pas, et on ne pouvait employer la mancipation, la
vente étant nécessairement faite sous la condition résolutoire
de l'acceptation de l'animal par les pontifes[3].

Le second cas, prévu dans le § 28 de Gaïus, vise la *locatio
jumenti pro dape* : un laboureur n'ayant pas d'argent pour
célébrer la *daps*, fête des semailles du printemps et de l'au-
tomne [4], louait à un autre son *jumentum* dans la but d'affecter
le prix du louage à ce sacrifice : la *l. a p. p. c.* lui avait été

---

[1] Karlowa *op. cit.* pp. 207. 208.

[2] Keller *op. cit.* § 265 p. 86.

[3] Cuq *op. cit.* p. 431. — Cf. D. 50. 17. 77. — Le remède au défaut
d'action possible naissant d'une macipation eût été la formation du contrat par un échange de stipulation : la concession d'un *l. a.* au lieu
d'une action du contrat prouve au moins, que l'usage n'était pas encore
de faire cette double promesse formelle.

[4] Caton, de *R. R.* 132, 132. — Festus v. *Daps*.

accordée par la loi des XII Tables. pour reprendre le prix de location non versé par le locateur. La présence de la *l. a. p. p. c.* démontre l'absence d'une actio *locati* ou d'une action analogue à l'époque ancienne. par la même raison qu'au cas précédent manquait l'action de vente: mais c'est aussi l'intérêt religieux qui inspire la loi des XII Tables en étendant au particulier une disposition qui existait auparavant pour les prêtes. Huschke (*Nexum*, p. 204) a cependant supposé que les privilèges n'étaient admis qu'en faveur des prêtres, tant le but était digne d'intérêt; Keller et M. Karlorva ont, au contraire, pensé que tout locateur avait droit à la voie spéciale de la *p. c.*, et on peut argumenter dans ce sens du mot « *quis* » de Gaïus (4. 28).[1]

§ III. — Sénatusconsulte *de Pago Montano*.

L'inscription opistographe, découverte au *Campus Esquilinus* en 1875, nous présente un premier exemple concret d'une *p. c.*[2] Elle porte au revers deux lignes dont la restitution a été faite, d'une façon divergente, par MM. Mommsen et Camille Re[3]. Voici le texte :

[1] Karlowa, *op. cit.* p. 208. — Observons que la majorité des auteurs traduit *jumentum* par « tête de trait » : M. Voigt, *op. cit.* I, p. 503 croit que c'est un chariot, le louage du véhicule étant moins incommode que celui des animaux.

[2] Le *Campus Esquilinus* s'étend au-delà de la porte de ce nom (*Arco di Gallieno*), c'était un lieu de sépulture pour ceux qui n'avaient pas ou ne pouvaient avoir de sépulture propre.

[3] Mommsen d° *C. I. L.* VI, 3823. C. Re d° *Arch. Giuria.* XVII, 3-23. — P. F. Girard, *Textes*, p. 112.

..... LOCA - TECERIT - IN - EVM.....
... NUS - INECTIO - PIGNORISQ - CAP.....

Son but était d'interdire le jet et le dépôt d'ordures dans un lieu religieux, comme l'inscription de [1] Luceria et un édit du préteur urbain qu'on joint généralement à notre inscription [2]. On crut d'abord que c'était un édit ou un décret des édiles : on est aujourd'hui d'accord pour en faire un sénatus-consulte rendu dans le premier tiers du VIIe siècle, d'après M. Re.

Cette inscription donne à la violation de sa défense une double sanction, la *manus injectio* et la *p. c.*, dont le résultat commun était de procurer la *multa* de force quand le débiteur ne la payait pas spontanément. La *p. c.* mentionnée ici soulève deux questions intéressantes : l'une relative à sa nature, l'autre à son caractère populaire ou non.

S'agit-il de la *p. c.* exercée par le magistrat lui-même en vertu de son *imperium* ? ou de la *p. c.* déléguée au particulier qui serait tenu à l'exercer dans les formes solennelles de la *l. a. p. p. c.* ? M. Re conclut dans ce dernier sens, malgré le silence de Gaius sur un cas semblable : Gaius dit que la source des p. c. est tantôt la coutume, tantôt la loi (G. 4 26), or on est ici en présence d'une *lex* : et cela permet d'exclure avec un nouvel argument l'hypothèse que l'inscription serait un édit. Si l'on donne une sanction aussi rigoureuse, c'est qu'on veut protéger énergiquement le lieu sacré. D'ailleurs, le S. C. étant antérieur à la loi Julia, abrogeant les *l. a.*, on comprend que le particulier agisse par *l. a. p. p. c.*

---

[1] P. F. Girard, *Textes* p. 23.
[2] *ibid.* p. 112.

Mais le meilleur appui à la thèse de M. Re nous paraît être
dans le rapprochement des deux sanctions : la *manus injectio*,
on le sait, n'a jamais appartenu au magistrat qui devait recourir, pour la contrainte physique, au *duci jubere* [1] ; il eût
été étonnant qu'on édictât deux sanctions en en réservant
une au particulier, la *m. i.*, une au magistrat, *la p. c.* Le S.
C. *de Pago Montano* fournit donc un cas de *l. a. p. p. c.* à
ajouter à ceux de Gaius. On remarquera que ce cas touche,
comme ceux du jurisconsulte, à une matière d'intérêt public,
et c'est là ce qui explique la délégation de l'exécution au particulier.

M. Re va plus loin : il soutient que la *l. a. p. p. c.* du S.
C. était populaire et il rétablit ainsi les deux lignes du
revers :

[IN - EA] - LOCA - IECERIT IN - EVM - [QVIS - VOLET]
[MA] NVS - INIECTIO - PIGNORISQ - CAP [IO - SIET].

M. Mommsen, au contraire, lit la première ligne de cette
façon :

[IN - EA] - LOCA - IECERIT - IN - EVM - [HS.....]

en laissant en blanc le taux de la condamnation.

M. Re invoque pour rétablir « *quis volet* » deux arguments:
le premier est tiré de l'analogie que présentent avec notre
cas les inscriptions de Luceria, les tables d'Osuna (*Lex Coloniæ Genetæ Juliæ* LXI), la loi de Bautia et le fragment de
Todi [2] ; tous ces documents donnent une action populaire,

----

[1] Le plus ancien texte relatif au *duci jubere* est la loi *Rubira di Gallia
Cisalpino*, c. XNI-XXII (P. F. Firard, *Textes* pp. 67-66). — cf. Mommsen
op. cit. trad. P. F. Girard VI, 2 pp. 466-469.

[2] Ces textes sont reproduits dans le recueil de M. P. F. Girard sauf le
fragment de Todi qu'on trouvera dans Bruns et *Fohtes* p. 129.

et notamment l'inscription de Luceria qui dit : « *Sei quis arvosu hac facit, crivium quis volet pro joudicatod n (umum) L manum injectio estod.* » Le second est un pur argument d'épigraphie : on observe que la lacune de la 1re ligne, par rapport à la 2e restituée sans difficultés, est de 11 lettres, c. d. la place que tiennent les mots QVIS-VOLET avec les deux points de séparation des mots.

D'ailleurs, s'empresse d'ajouter M,. Re. l'action populaire n'est pas dangereuse, car le magistrat qui l'intente peut toujours être accusé criminellement de concussion, et contre le particulier ayant abusé de son droit complétera l'action *de vi bonorum raptorum.* (D. 9, 2, 29, 7) ou sous les actions de la loi, une action analogue (D. 47, 8, 2, 20.). Quelle était la nature de l'action populaire ? était-elle procuratoire comme celle de l'inscription de Lucina, d'après M. Mommsen, c'est-à-dire le profit en appartenait-il à la cité, ou était-elle ordinaire ? Nous l'ignorons : mais si l'on voulait poursuivre l'analogie avec l'inscription de Luceria, on pourrait peut-être essayer de concilier la nature populaire procuratoire de la *l. a. p. p. c.* et la fixation du taux de l'amende encourue par le contrevenant, en usant d'abréviations qui feraient tenir les deux dispositions dans la lacune des 11 lettres manquantes : cette conciliation qui trouverait un point d'appui dans la comparaison avec l'inscription de Luceria, serait par exemple celle-ci :

[IN-EA.] LOCA-IECERIT-IN-EVM [Q-VOL-N...]

C'est-à-dire *q(uis) vol (et) n(umum)* et un nombre de deux chiffres qui nous est inconnu.

§ IV. — Lex Metalli Vipascensis.

La *lex metalli vipascensis*, appelée aussi table d'Aljustrel [1],
avait pour but de réglementer les mines de la région tranta-
gane : elle emploie au profit du fisc le système des monopoles pesant sur les professions se rattachant plus ou moins
à l'exploitation minière : les *conductores metallorum* présentent ainsi de grandes ressemblances avec les publicains (D. 39,
4, 13, pr.), et on peut comprendre par là qu'ils aient, comme
les publicains, la *p. c.* pour sanction de leurs monopoles.

L'inscription accorde la *p. c.* au crieur public, *praeco* (l. 16)
au cordonnier, *sutrinus*, (l. 34-35) au coiffeur, *tonotrinus*,
(l. 40-42), au foulon, *taberna fulliona*, (l. 45), enfin à ceux
qui traitent le minerai ou les ardoises, *scaurarius et testa-
rius*, (l. 53).

La formule est généralement celle-ci : « *Conductori socio
actorive eius pignus capere liceto*: » le passage relatif au
coiffeur ajoute même : « *Qui pignus capientem prohibuerit
in singulas prohibitiones XV d. debeto.* » C'est la première
apparition d'une théorie qui joue un grand rôle en droit germanique et se continue dans l'ancien droit coutumier français,
la théorie de l'opposition à saisie interdite sous peine
d'amende. Pourquoi est-ce le seul cas d'opposition que prévoit le texte ? Pourquoi la p. c. n'est-elle pas étendue à tous

[1] Table de bronze découverte en 1876 à Aljustrel (prov. d'Alentigo,
district de Bejà) de la fin du 1er siècle, la *lex Metallis vipascensis* se
trouve à l'*Eph. Epigr.* III, p. 175 et avec commentaire développé de
M. J. Flach d° *Nouv. Rev. Hist. de Droit...* II, 269-283, 645-094 ; M. P. F.
ne l'a pas reproduite dans ses *Textes.*

les titulaires de monopoles, au commissaire-priseur, au maître d'école, à l'exploiteur de bains publics ? On ne sait. De même, comme dans le cas précédent, on recherche quelle est la nature de la p. c. dans la table d'Aljustrel : M. Flach, à ce propos, construit un système à l'examen duquel nous devons consacrer un court développement [1].

Il ne faut pas songer à la *l. a. p. p. c.* des publicains qui a disparu avec la loi Julia, ni à l'action fictice de la *l. a.* du § 32 de Gaius, car le texte ne parle pas de *petitio*, mais d'une saisie réelle, en prononçant même contre qui résiste une amende de 5 deniers (5 fr. 30 environ). Est-il alors nécessaire de dire « que l'opinion commune se trompe sur le passage de Gaïus relatif à l'action fictice des publicains ? Auraient-ils toujours conservé le droit de se mettre en possession des objets mobiliers du contribuable, sauf à poursuivre ensuite par une action d'un caractère spécial le paiement de ce qu leur était dû? » M. Flach croit à un moyen terme : l'ancienne *p. c. a.* disparu, mais une *p. c.* nouvelle s'est introduite ; les magistrats sont autorisés à s'en servir concurremment avec la *multa* ; plus tard, cette *p. c.* nouvelle se généralisa ; et elle est accordée au simple particulier, par Antonin le Pieux : seulement les conditions furent plus rigoureuses pour lui que pour le magistrat et le publicain, le simple particulier était tenu d'observer des formes judiciaires et des délais : c'est la saisie actuelle.

Ce système veut faire, en somme, du cas spécial de la *lex Metalli Vipascensis* l'origine du *pignus ex causa judicati captum* de la fin de l'époque classique : il confond d'abord le *pignus ex c. j. captum* avec la *p. c.*, confusion que nous avons pris soin de prévenir au début de cette étude ; puis, il suppose,

[1] Carlowa, *op. cit.* pp. 550-651.

chose bien invraisemblable, que la *p. c.* du magistrat n'a apparu qu'assez tard dans la législation romaine, quand elle découle, depuis les origines, de l'*imperium* même et est attestée par des textes anciens, (par exemple la loi Quinctia de 745), enfin elle est contraire à la raison historique puisque la *p. c.* des titulaires de monopoles n'est qu'une prolongation dans le temps de celle du publicain, atteinte par les lois de réforme créatrices de la procédure par formules, du moins si l'on accepte la théorie très plausible de M. Wlassak, seulement en ce que ces lois supprimèrent les paroles solennelles. Pour expliquer la survivance d'une *p. c.* analogue à celle de G. 4. 32, il n'est pas nécessaire d'imaginer un système nouveau : il suffit d'y reconnaître une application concrète de la délégation du magistrat, s'exerçant peut-être encore en Portugal avec des formes solennelles qui en faisaient une *l. a.*, car la loi Julia n'aurait, suivant M. Wlassak, eu de portée qu'à Rome même et autour de Rome. Peut-être aussi, cette *p. c.* était-elle réglée d'après les usages locaux, dont l'histoire du droit comparée explique la persistance dans les provinces [1].

§ V. — La *l. a. p. p. c.* res publicains

Ce dernier cas certain de *l. a. p. p. c.* se rapproche du précédent en ce qu'elle appartient aux publicains comme aux

---

[1] Il serait, cependant, facile d'admettre que la p. c. du la *Lex Metalli Vispacennis*, s'exerçait sans formes, en se fondant, pour le soutenir, non pas tant sur l'effet des lois Acbutia et Julia, que sur la date même de cette loi, au 1er siècle, il est invraisemblable, dirait-on, que le droit en

titulaires de monopoles, par délégation expresse du magistrat : c'est aussi le plus intéressant de tous les cas, d'abord
parce qu'il est le mieux connu, grâce aux textes de Verrines, et ensuite parce qu'il soulève quelques difficultés en
général peu étudiées.

1

Gaïus, 4. 28 *in fine*, indique que la *p. c.* des publicains ne
vient pas de la coutume, mais de la loi [1] : et cette loi est la
« *lex censoria* » ; le mot « *censoria* » a été lu par Studemund et sa lecture certaine écarte les hypothèses autrefois
proposées de « *pradiatoria* » ou de « *plectoria* ». Mais la
« *lex censoria* » n'est pas, comme on le croit parfois, une loi
ou un plébiscite rendu à l'instigation d'un Censorius, mais
une clause du contrat que les censeurs passaient avec les publicains. Le contrat était un bail où l'on déterminait les droits
et obligations des « *redemptores* » de « *vestigalia* », *censoria locatio*, qui entraînait pour le fermier une sorte de droit
foncier de telle nature qu'il avait reçu dans l'ancienne langue
le nom de « *venditio* » [2].

Le cahier des charges donnait au preneur le droit de saisie

vigueur dans les provinces, ait conservé encore la solennité du droit
primitif.

[1] Gaïus 4. 28 : « *Item lege censoria data est pignoriscapio publicanis vectigalium publicorum populi Romani adversis eos qui aliqua
lege vertigalia deherent* ».

[2] Voyez de nombreux exemple de « *leges contractus* » dans Heyrovsky,
Ueber die Rechtlicho Grundlage des Legs Contractus...; pour la *lex
censoria*, cf. pp. 5-8, 49, 53-53. — Pertus V° *Venitiones*.

privée, que le censeur lui déléguait : le système était donc
le même que pour les soldats et chevaliers : l'administration
romaine appliquait ici encore le fermage de l'impôt dont elle
se déchargeait sur les publicains. En Sicile, Cicéron nous
apprend que la procédure de la perception des baux à dîme
contre les *aratores* avait été organisée par la *lex hieronica*
(Hieron, I ou II, vers 510) et par un édit provincial de Verrès
qui donnait au *decumanus* le droit de saisie [1].

Les Verrines font allusion, à plusieurs reprises, aux droits
divers des publicains, et décrivent, avec détails, la procédure
suivie en Sicile. Le *decumanus* avait en premier lieu, pour
pouvoir établir le montant de l'impôt, le droit de perquisition
qui s'exerçait peut-être avec des formes, quoique l'Etat ne
soit jamais soumis aux formalités des particuliers ; mais,
comme la *p. c.* déléguée était devenue une *l. a.*, on pourrait
soutenir que le publicain agissant en vertu d'une commission
de censeurs était tenu d'observer une série de formalités. La
perquisition était destinée à découvrir le *frumentum remotum
ac celatum* qui, d'après les *lex Hieronica* et l'édit de Verrès,
était acquis au *decumanus*, les deux textes ayant ordonné que
nul *arator* ne devait cacher ni enlever les céréales à l'insu du
décimateur [2].

Celui-ci avait, en outre, un droit de saisie qu'il pouvait
pratiquer dans deux hypothèses distinctes :

1) Il saisissait, d'abord, le troupeau non indiqué sur son
registre, qu'il trouvait errant dans l'*ager publicus*, et aussi le
bétail du contribuable à raison d'un retard dans le paiement

---

[1] L'étude de M. Degenkolb, *Die Lex Hieronica*, est suivie par M. Karlowa, *op. cit.*, pp. 202-284, 232-216. — Veri. art. 2°. II, 12, 32 : « Inter aratores et decumanos lege frumentaria quam *Hieronican* appelant, judicia sunt ».

[2] Karlorva, *op. cit.*, p. 214, — Cf. Pernice, *Parerga II*, p. 127.

de la redevance à lui due. La saisie opérée, le troupeau était conduit en fourrière, comme en Irlande et en Germanie [1].

2) Le publicain pouvait, en second lieu, *pignus capere* de l'*arator* dans des termes plus généraux, et c'est ce droit qui est attesté à la fois par Gaius (4-28) et par Cicéron Verr. act. 2°, III, 11, 27). L'effet de la saisie, d'après les Verrines, est très controversé : nous avons déjà signalé les différentes interprétations données du texte de Cicéron : M. Degenkolb suppose que la *p. c.* renversait les rôles au point de vue de la preuve, et continuait malgré l'opposition du défendeur, en Sicile comme dans les autres provinces : M. Karlowa admettant, au contraire, que le droit commun des provinces, la suspension de la saisie sur opposition, avait été écarté en Sicile par l'édit de Verrès [2].

Une autre difficulté surgit entre les mêmes auteurs, à propos des conséquences de la saisie contestée par l'*arator*. Cicéron exprime la procédure qui s'engageait sur la réclamation du saisi dans une phrase très claire, mais ironique :

Verr. III, 13. 34 : « Erit (Verres) tamen in aratores lenior quam videtur. Nam qui in decumanos octupli judicium se daturum edixit, idem habuit in edicto se in aratorem in quadruplum daturum. Quis hunc audet dicere aratoribus infestum aut inimicum fuisse ? quanto lenior est quam in publicanum. »

---

[1] Le vectigal représentait anciennement les frais de garde des bestiaux menés sur les communaux : les revenus étaient désignés sous le nom de « *pascua* » sur les tables des censeurs. (Pline *H. N.* 18. 3. 11); plus tard il devint un impôt foncier, la *decuma* de Sicile ; le publicain tenait un registre *scriptura* où il inscrivait les noms des propriétaires imposables, et la redevance s'appelait *scriptura* comme le registre. (Loi Agraire de 643. L. 36. — Festus v°. *Scripturarius.* — Varron, *de R. R.* 2. 116.

[2] Cf. *supra*, pp. 44-45.

```
— 66 —
```

Puisque la saisie n'était pas suspendue à la suite de l'opposition de l'*arator*, celui-ci pouvait, s'il prétendait l'acte illicite, exercer contre le *decumanus* une action *in factum* dont le montant était l'octuple de l'objet saisi : en revanche, si le contribuable contestait à tort l'illégalité de l'acte, le *decumanus* avait à son tour contre lui une action au quadruple [1]. Cette différence dans le montant des actions se comprend : l'injustice commise par le publicain est punie d'une peine énorme parce qu'il représente l'autorité, et a commis une faute grave envers l'*arator*, qui, lui, perdant son procès, est puni d'une amende moins forte, mais sensible néanmoins parce qu'il a plaidé à tort « *temere litigavit* »[2]. Verres a maintenu cette différence entre le publicain et l'*arator*, mais sa sévérité contre le peuple de Sicile a consisté dans le fait que la saisie n'était pas suspendue par l'opposition [3].

Un autre passage des Verrines a pourtant fait douter M. Degenkolb [4] de la réalité des deux actions : le texte de Verr. III. 29. 70 (comp. 10, 25) paraît attacher la peine du quadruple au simple refus de payer du laboureur : « Quid? si minus dedisset arator, quam poposcisset Apronius? Judicium in aratorem in quadruplum. » Et il existe plusieurs systèmes

[1] Karlowa, *op. cit.*, pp. 202-203. — M. Accarias, *Précis de droit romain*, 4e éd. II. p. 960, n. 1 pense que jamais l'action *in octuplum* n'a été prise au sérieux.

[2] Cf. Sumner-Maine, *Instit. primit.*, p. 338: « Le plaignant qui voulait saisir n'employait-il pas servilement les formules et les formalités prescrites avec la plus rigoureuse précision par la loi, non seulement il succombait dans son action, mais encore il encourait des peines diverses qu'on pouvait requérir contre lui avec la même ardeur vindicative qu'il avait mise dans ses propres poursuites. » La saisie privée était bien « l'épée à deux tranchants » dont parle M. Sohm (*Lex Salica*); on pouvait, avec elle, pousser l'adversaire sur le terrain, mais on courait risque de se blesser soi-même.

[3] Verr. III. 11. 27.

[4] *Op. cit.*, pp. 45. 64.

pour concilier ce texte avec Verr. III, 13. 34 : on pourrait penser qu'il s'agit du *judicium in quadruplum* à deux fins, pour punir l'échec de l'*arator*, et comme taux de la restipulation du décimateur dans la procédure intentée contre lui à l'octuple ; le meilleur est de s'en référer au premier texte très net (Verr. III, 13. 34) établissant à la fois les deux actions : quand le second texte semble rattacher le *judicium in quadruplum* à la simple inexécution de l'*arator*, c'est une exagération de l'accusateur [1].

Telle est donc la procédure double en usage en Sicile après la saisie opérée et destinée à sauvegarder les droits du saisi et du publicain. Il est probable que sa création est due à la loi Hieronica, confirmée par l'édit de Verrès, mais il n'en faudrait pas, croyons-nous, faire le modèle de la *l. a.* qui s'engageait sur les *p. c.* exercées hors de la Sicile : la formule fictice donnée au publicain d'après Gaius, 4. 32. suppose simplement une *l. a.* en rachat du gage : la saisie étant suspendue par l'opposition du débiteur, la *l. a.* tendait vraisemblablement à la fixation du droit du créancier et de son montant.

II

Quand et comment a disparu la *l. a. p. p. c.* des publicains ? Le texte de Gaius, 4, 32 est formel : il démontre que depuis les lois *Juliæ* au moins il existe une formule fictice de *l. a. p. p. c.* ; cette formule remonte même plus haut et vient de la loi *Aebutia* comme le prouve la loi Agraire de 643

[1] Karlowa, *op. cit.*, p. 203, n. 1.

qui en fait l'application en termes peu nets, cependant recon-
naissables [1].

Si l'on admet le système de M. Wlassak, les lois de réforme
n'ont pu toucher à la *p. c.* qu'en supprimant les « *certa verba* »
et ce qu'elles ont modifié; ce qu'a supplanté dès Auguste la
formule fictice, c'est la *l. a.* judiciaire ayant pour but le « *luere
debere* ».

En Sicile, la question n'est pas très facile à élucider, et les
Verrines semblent contredire Gaius et la loi Agraire. Cicéron,
en effet, parle bien de la *pignératio* (Verr. III. 11. 27) et du
procès se greffant sur elle en cas de réclamation du débiteur:
mais le même passage vise le publicain « *petitio aut pignerator* », et d'autres phrases supposent une *petitor* simple :

Verr. III. 10. 25 : « Primum edictum, judices, audite
præclarum : quantum decumanus edidisset aratorem sibi
decumæ dare oportere, ut tantum arator decumano dare
cogeretur. » III. 13. 34 : « Edixit, ut quod decumanus
edidisset sibi dare oportere, id ab aratore magistratus siculus
exigeret. »

Divers systèmes ont été proposés pour concilier les Verrines avec Gaius et la loi Agraire [2]. Bruns se montrait absolu
et n'admettait qu'une procédure en récupération [3]; Rudorff
croyait que les publicains avaient gardé le droit de saisie
pour prendre la dîme non contestée, et avaient obtenu la
petitio pour réclamer celle contestée [4] : M. Karlowa [5] distin-

---

[1] Loi Agraire de 643: ll. 36-37 : Quoi publicanus ex h. l. pequnia debe-
bitur... quo quis pro agro minus aliterve scripturam vectigalve det... ».
— L. 72 : « Sei qui publicanus ejus rei causa sibi deberei darive oportere
deicat... »

[2] M. Wlassak, *op. cit.*, p. 252 n. 26 regarde la question comme très
délicate.

[3] *Gesch. der Cession*, pp. 58-59.

[4] *Rom. Recht.* I, p. 105. — D'après Rudorff, la *p. c.* des publicains
n'aurait disparu qu'avec l'édit *de publicanis.* (D. 39. 4. 1. pr.).

[5] *Op. cit.*, p. 216.

guait entre les provinces : dans celles où la *pigneratio* était organisée par des lois spéciales, comme la lex Hieronica en Sicile, le publicain jouissait encore d'un droit de saisie : en Italie et dans d'autres provinces, il devait recourir à une simple *petitio* à l'aide de la formule fictice de Gaius (4. 32).

La vérité sur la persistance de la saisie en Sicile ressort, à notre avis, de l'application des théories de M. Wlassak. D'une part, la distinction de Rudorff ne repose que sur une hypothèse, celle de M. Karlowa, meilleure en soi, est contraire au système de Gaius (4.32) où la formule fictice ne remplace certainement que la *l. a.* judiciaire et non la *p. c.* extrajudiciaire. D'autre part, on comprend que la saisie se soit maintenue en Sicile parce que les lois de réforme n'ont pas eu d'effets en dehors de l'État romain, le texte de Cicéron le démontre en parlant des provinces d'Asie, de Macédoine. Espagne, Gaule, Afrique, Sardaigne, Italie, et même les lois de réforme se seraient-elles étendues à l'Empire entier, que les Verrines ne sauraient présenter une exception, le plaidoyer datant de 684, c'est-à-dire de l'époque intermédiaire où le choix entre la procédure des *l. a.* et la procédure nouvelle était permis. Enfin, il ne faudrait peut-être pas attacher trop grande importance à la *petitio* énigmatique de Cicéron : dans le passage où l'orateur oppose le droit de la Sicile à celui des autres provinces, il semble que l'opposition même des mots « *petitor aut* (d'autres manuscrits portent *ac*) *pignerator* » et « *neque ereptor neque possessor* » donne au terme « *petere* » un sens large et vague, montrant que le publicain s'entendait avec le débiteur avant de saisir, au lieu d'enlever et de retenir malgré les réclamations de l'*arator* : et puis les textes, où Cicéron rappelle les édits de Verrès obligeant les laboureurs à payer la dîme que fixeront les publicains sous menace de l'intervention du magistrat de Sicile, ne sont pas concluants en faveur de l'existence d'une véritable *petitio* : « dare oportere » ; « dare cogere », n'ont pas ici de sens technique, ce sont des expressions de l'édit et non les termes de formules pétitoires.

Il faut donc penser que la saisie du *decumanus* de Sicile a pu persister malgré les lois de réforme, tandis que la l. *a. p. p. c.* dans l'État romain subissait leur effet, par la suppression des *certa verba*, et par l'emploi de la formule fictice remplaçant le *judicium* sur le *luere debere*.

§ VI. La *l. a. p. p. c.* ÉTAIT-ELLE SUIVIE EN MATIÈRE DE *damnum infectum* ?

Gaius (4.31–32) indique que la procédure des *l. a.* abrogée en 737 survit encore de son temps dans deux cas qu'il énonce limitativement : « tantum ex duabus causis permissum est lege agere : *damni infecti et si centumvirale judicium futurum est* » (G. 4. 31) En matière de *damnum infectum*, le propriétaire menacé par la chute de la maison voisine avait donc le droit d'intenter une *l. a.*, en vue de prévenir le dommage ou d'en assurer la réparation. Gaius répète au § 32 : « *Damni vero infecti nemo vult lege agere...* » : mais il ne dit pas quelle était la *l. a.* suivie en ce cas, et de son silence est né un grand nombre de théories sur la nature de cette *l. a.*

Le système le plus récent, exposé par M. Burckhard (*Die Cautio d. i.*, Pandectes de Glück, série des liv. 39-40, 2ᵉ partie, 1875) et développé par M. Wlassak (*Rom. Processge- setz*, 1888-1891) se sépare nettement des doctrines reçues en créant une *l. a. d. i.* spéciale, en dehors des *quinque modi lege agendi* de G. 4. 12. Cette *l. a. d. i.*, dont on retrouve au Digeste quelques traces, ne doit pas nous occuper : son existence et ses caractères sont établis à la fois par les textes positifs du Digeste, et surtout par la démonstration négative qu'aucune des 5 *l. a.* classiques ne peut convenir à son but. Avant 1875, date de l'apparition du livre de M. Burckhard, la question semblait résolue en faveur de la *l. a. p. p. c.*, soutenue par Bethmann-Hollweg et M. Karlowa : c'est pour cela que, bien qu'admettant la solution récente, nous sommes forcé de rappeler en quoi la *l. a. p. p. c.* pouvait répondre seule à l'idée du *d. i.*, et aussi comment les auteurs les plus nouveaux détruisent la doctrine ancienne.

I

Les romanistes allemands de la première partie du siècle crurent résoudre facilement le problème en cherchant tout d'abord quel pouvait être le but du procédé ancien : c'était un excellent point de départ, car il ne restait plus qu'à choisir entre les 5 *l. a.* celle qui était capable de le réaliser. Dans leur esprit, l'objet de l'action devait être identiquement le même que dans l'édit du préteur : la promesse de réparer le dommage s'il se produisait, avec garantie d'une caution. Ce fut la théorie de Huschke (*Gaius*), Unterholzner (*Schuldverhältniss*), de M. Karlowa en partie : pour eux, la promesse avec satisdation ne faisait aucun doute : ce qui différait, c'était la *l. a.* employée au cas de refus de la fournir.

Les deux premiers pensaient que le propriétaire menacé agissait par une prise de possession analogue à la *manus injectio*, afin de se protéger lui-même par une réparation

faite aux frais du voisin : ils s'appuyaient sur un texte pro-
bant au premier abord, et qui montrait que l'action remontait
aux XII Tables (D. 43. 8. 5) [1]: mais ce texte ne vise pas le
d. i., il parle de la *l. a. aquae pluviae arcendae*, comme on le
voit par le cas prévu et par l'ouvrage d'où il est tiré (Paul
16 ad Sab. — Edit, titre 30, d'après M. Lenel.).

Bethmann-Hollweg (*Rom. Civilprocess*) songea à autre
chose : il imagina que le voisin menacé agissait par *p. c.*
« Les mots avec lesquels s'interrompt le texte lisible de G.
4. 31 — dit-il —, se rapportent à une *p. c.* qui aurait été ici
une saisie du fonds voisin pour s'assurer éventuellement la
possession, en se mettant à l'abri du dommage menaçant :
plus tard le préteur aurait substitué la procédure avec caution et *missio in possessionem.* »

Malgré une réfutation de M. Bekker (*Actionen*), le point de
vue fut repris avec de nouveaux arguments par M. Karlowa
Rom. Civilpr. pp. 216-218) et sa théorie est encore suivie en
Allemagne et en France [2]. A quelle *l. a.* recourir, se demande-
t-il? Comme il ne s'agit pas d'une indemnité à raison d'un
dommage réalisé, mais d'un dommage futur, on ne peut penser à la *l. a. per sacramentum* qu'avait voulu utiliser Zimmern
(*Rechtsgeschichte*), ni la *l. a. per judicis postulationem* applicable seulement dans des cas restreints, comme le voulait
Rudorff (*Rom. Recht*), ni enfin la *condictio* dont la fonction
était différente : quant à la *manus injectio*, elle ne s'exerçait
que contre la personne. Il ne restait plus de possible que la
l. a. p. p. c. dont l'application se conçoit bien. En effet, est-

[1] Huschke (*Gaius*) invoquait aussi la rubrique des Sentences de Paul
V, 10; argument abandonné par lui dans la *Jurisprud. antejust.* et repris
par M. Voigt (*Die XII Tafeln*).Voy. les réfutations d* les *Textes* de
M. P. F. Girard, p. 296, et *Garantie d'Eviction* du même auteur.

[2] Wach dans Keller (*Actionen* 6e éd.), Sohm (*Instit.*), Accarias (*Précis*,
4e éd.)

ce que plus tard, au cas de dommage à redouter d'un *novum opus*, on n'obtenait pas la *cautio d. i.* par l'*operis novi nuntiatio*, acte formel semblable à la *p. c.*? au lieu de l'*operis novis nuntiatio*, on aurait agi par *p. c.* On aurait ainsi obtenu, non la stipulation de garantie qui n'a été imaginée que plus récemment, mais un *cavere praedibus praediisque*, moyen de garantie qui concorde mieux avec le vieux droit et dont on trouve trace au D. 10. 3. 6. 7 : « si damni infecti in solidum praediis caveris... ». Si le *cavere praedibus praediisque* n'était pas fourni dans le délai déterminé, le propriétaire menacé saisissait le fonds, ce qui le rendait possesseur, et peut-être plus tard propriétaire. Ainsi, concluait M. Karlowa, « les stades de l'ancienne procédure concordaient parfaitement avec la procédure plus récente de l'Edit, avec cette différence qu'en place de la *l. a.*, c'est l'envoi en possession par le magistrat qui est entré en pratique. » Enfin, l'auteur ajoutait un dernier argument tiré de l'ordre des titres du Digeste, calqué sur celui de l'Edit : le titre *de damno infecto* (D. 39. 2) n'est séparé du titre *de publicanis et vectigalibus* (D. 39. 4) que par le titre *de aqua et aquae pluviae arcendae* (D. 39. 3) : or, le recouvrement du vectigal par les publicains s'exerçait par *l. a. p. p. c.*, il devait en être de même de l'indemnité de garantie en matière de *d. i.*, c'est le lien qui unit les titres du liv. 39 et ceux de l'Edit.

La partie finale du texte lisible de Gaius (G. 4. 31) facilitait un rapprochement entre le *d. i.* et la *p. c.* d'après Bethmann-Hollweg et M. Karlowa ; c'est le fondement unique de la théorie reprise récemment par M. Muirhead (*Law of Rome*). Le texte du § 31 est soumis par lui à une restitution différente de la lecture de Studemund : on lit généralement « .. idque et commodius jus et plenius est. Per pignoriscapionem... », mais outre que les lettres *e* (= *est*) et *p* (= *per*) sont douteuses [1]. M. Muirhead ajoute que l'on peut regarder la matière de la *p. c.* comme épuisée, et on attend un complément aux comparatifs, *commodius et plenius* ; delà la restitution très simple et concluante : « idque et commodius jus et plenius est q uam) per pignoriscapionem, » le signe *q* = *quam*) ayant été omis par le scribe.

II.

Pour démontrer que la *l. a. p. p. c.* n'a pu être suivie en matière de *d. i.*, on détruit assez aisément la théorie de M. Karlowa, mais on doit encore faire plus et repousser en bloc l'applicabilité des 5 *l. a.* classiques : il ne reste alors qu'à donner à une *l. a.* spéciale, *l. a. d. i.*, une place dans l'ensemble des antiques procédés d'action.

Tout d'abord, combien fréquente a été dans la reconstitution du ms. de Vérone la supposition d'une erreur de copiste; c'est là l'argument *in extremis* de certains interprètes, [2] et dans notre cas, il ne sert qu'à soutenir une théorie peu défendue. Que Gaius ait terminé au § 31 ce qu'il disait de la *l. a. p. p. c.*, nous l'ignorons, mais il est possible qu'il y soit revenu pour passer aux actions fictices des actions de la loi [3]. Aux raisons de M. Karlowa, il y a mieux à répondre : le lien des titres du liv. 39 se calquerait sur l'Edit, selon lui : mais d'après la restitution de M. Lenel, le titre *de damno infecto*

[1] Studemund conjecture qu'on pourrait lire *c* au lieu de *e*, et *r* au lieu de *p*.

[2] Cf. p. ex. les diverses restitutions de G. 48 d* E. Massin. *Du caractère pécuniaire des condamnations a Rome* (1893, Thèse de Paris).

[3] Cf.-P. F. Girard, *Textes*, p. 263 n. 1.

'n° XXVIII) est séparé du titre *de publicanis*, non-seulement par le titre *de aqua*..., mais aussi par le titre *de liberali causa*, où certainement la *p.c.* n'est pas praticable. Enfin, prenant les arguments de fond, on remarquera combien la *p. c.* du *d. i.* serait spéciale et peu concordante avec celles déjà connues par Gaius et les inscriptions : jamais elle ne tendait à la saisie d'un immeuble, — elle portait toujours sur un *certum* estimable en argent, — elle reposait en tous cas sur un intérêt religieux, militaire ou public, puisqu'elle n'est qu'une délégation du magistrat, ici l'intérêt serait purement privé : puis comment comprendre que Gaius omettrait justement le seul cas resté en vigueur de son temps, quand il énumère les hypothèses de *p. c.* (G, 4. 27-28) ? et aussi qu'après avoir dit « d. i. nemo vult lege agere » il répétât à la fin de la phrase que la *l. a.* délaissée en pratique est la *l. a. p. p. c.* : il l'eût dit en commençant.

A cette réfutation de M. Burckhard, on est en droit d'ajouter une argumentation plus décisive : sans chercher ici à démontrer d'une façon directe l'existence d'une *l. a. d. i.* spéciale grâce aux textes du Digeste et à en déterminer le but et les caractères, nous devons exposer comment son existence même était rendue vraisemblable par des arguments de fond que nous appellerions volontiers « négatifs » : c'est à M. Wlassak, surtout, qu'appartient cette recherche.

1° L'erreur des anciens romanistes a été de confondre volontairement le résultat cherché par la *l. a. d. i.* et celui obtenu par le moyen prétorien : s'il s'agissait d'une ressemblance parfaite, où serait l'opposition faite par Gaius entre les deux procédés ? Il faut bien trouver au second un avantage qui justifie les termes *commodius jus et plenius* du § 31 et qui soit plus important qu'une simple mutation dans le mode de cautionnement. Le but du procédé prétorien était une garan-

tic et, à son défaut, une *missio in possessionem* : celui de la
l. a. était différent. et n'était autre que l'*opus restituere* comme
le prouve D.39.3.14.3: « *...et operis non restituti nomine (in
actione aquæ pluviæ arcendæ) damnandus sit, ut in actione damni
infecti fiat*[1] ». Cela signifie mettre l'édifice en état de réparation de façon à éviter au voisin la chute de l'immeuble[2].
Comment réaliser ce but? Ce n'est pas par une des *l. a.* de
G. 4. 12 : aucune ne peut tendre à cela, mais remarquons
l'analogie constante de la *l. a. aquæ pluviæ arcendæ*[3] et de
la *l. a. d. i.* faite par nos textes. et appliquons le texte de
Paul citant Julien (D. 39. 3. 14. 3) : si le voisin refuse d'*opus
restituere*, après sommation, les parties feront *l. a. in jure*, et
le préteur n'ayant pas le pouvoir de *mittere in possessionem*
(avant la loi Æbutia) condamnera le récalcitrant *operis non
restituti nomine*, condamnation que le gagnant exécutera par
les voies du droit commun, mais qui n'aboutira jamais à une
mise en possession[4]. Il faudrait montrer maintenant en quoi
la *l. a. d. i.* était plus incommode et incomplète que le pro-

---

[1] Il s'agit bien ici de la *l. a. d. i.*, comme d'ailleurs on en a des
exemples au Digeste. Cf. Wlassak *op. cit.* p. 241. Les Romains n'ont
pas connu d'autre *actio d. i.* que la *l. a.*, et le terme *judicium d. i.*
qu'emploie Paul (D. 39.3.14.2) ne peut convenir au moyen prétorien. —
Nous ajouterons que G. 4.31 nous paraît formel sur la *l. a. d. i.* : les
expressions « tantum ex duabus causis permissum est lege agere : d. i.
et... », « d. i. nemo vult lege agere » signifient certainement : « on
peut exercer l'action de la loi pour deux causes : l'action de la loi
d. i... », « personne ne veut exercer l'action de la loi d. i. ». On ne
traduit pas autrement, « sacramento lege agere, per manus injec-
tionem lege agere etc... ».

[2] Wlassak *op. cit.* p. 242. — M. Burckhard n'avait pas remarqué ce
texte, tout en démontrant que le but des procédés était différent.

[3] L'existence de la *l. a. aquæ pluviæ arcondæ* est démontrée par
D. 43. 8. 5: « ... erit actio privato ex lege XII tabularum, ut noxa
domino caveatur. (Cujas et Mommsen : *sarciatur*) ».

[4] M. Wlassak n'a pas tiré les conclusions de son idée, mais, notre
exposé n'est qu'une déduction logique du passage de Julien.

cédé prétorien : cette démonstration peu nette dans les ou-
vrages de MM. Burckhard et Wlassak nécessiterait une étude
approfondie.

2° Un second argument applicable aux 5 *l. a.* classiques a
été tiré de l'adage : *nulla legis actio prodita est de futuro* F.
Vat. 49, [1]. La matière du *d. i.* est essentiellement dans le
futur, et comment permettre une *l. a.*, en particulier la
l. a. p. p. c., sans choquer cette règle? — Il est vrai que l'ob-
jection renverserait aussi le système d'une *l. a. d. i* spéciale,
si l'histoire de la procédure n'avait découvert à côté des *l. a.*
de G. 4. 12, d'autres *l. a.* (*l. a.* au sens large, a-t-on dit) pour
qui, en général n'est pas fait l'exposé de Gaius. Cette classe
compte par exemple des *l. a.* extra judiciaires (analogues à
la *l. a. p. p. c.*), à qui les *quidam auctores* ont certainement
refusé l'admission au nombre des *l. a.* au sens étroit, et qui,
plus avantagées que les autres, n'ont pas été touchées par les
lois de réforme [2]. Gaius n'a pas traité des *l. a.* au sens large,
parce qu'il ne faisait pas un livre d'histoire : mais les *plerique*
qui accordaient à la *p. c.* le caractère de *l. a.* au sens étroit
devaient en parler. Pourquoi le brocard que rapporte Ulpien
(F. Vat. 49) se réfererait-il aux *l. a.* au sens large et non
plutôt, suivant l'opinion des *plerique* aux *quinque modi lege
agendi* ? Et puis, comment soutenir que la règle est générale
quand il existe une *l. a. aquæ pluviæ arcendæ* qui, sans con-
teste possible, *de futuro prodita est* ? Cet argument, indiqué
par M. Burckhard, prend ainsi toute sa force et renverse, à
notre avis, la théorie de M. Karlowa, d'une façon définitive
si on éclaire le F. Vat. 49 par les conclusions de M. Wlassak.

[1] Burckhard, *op. cit.* p. 77.
[2] Wlassak, *op. cit.* p. 259 et ssq. cite la *l. a. p. p. c.*, la *furtorum
quæstio lance licioque*, l'*operis novi nuntiatio*. Il y ajoute la
l. a. d. i. et explique ainsi sa survivance.

Ainsi disparaît l'applicabilité de la *p. e.* au cas de *d. i.*, tant par des raisons à elle spéciales, que par la démonstration toute négative de l'impossibilité d'employer l'un des cinq *modi lege agendi* de G. 4. 12, et ainsi s'impose la construction d'une *l. a. d. i.* différente des autres *l. a.*, qu'atteste le Digeste et dont l'étude si neuve et si intéressante sortirait de notre cadre.

CHARTES ET COUTUMES DU NORD DE LA FRANCE

(XIᵉ-XVIᵉ SIÈCLES.)

INDEX DES CHARTES CITÉES

FRANCE

Abbeville (Somme). 1185 (n. s.). (A. Thierry. *Monuments inédits de l'hist. du Tiers-État,* IV (1870) pp. 10 et suiv).

Amiens (Somme) 1190. (A. Giry. *Documents sur les relations de la royauté avec les villes de France,* n° IV, pp. 22 et suiv.)

Anor (Nord) 1196, Nicholle d'Avesnes, sire du lieu. (Copie : BB. Nat. Fr. Nouv. Acq. 3379).

Arques (Pas-de-Calais) 1232 (n. s.). Abbés de Saint-Bertin. (Copie : *ibid,* 3379).

Arras (Pas-de-Calais) 1194. Philippe-Auguste. (Trad. franç. Tailliar. *Recueil d'actes en langue wallonne,* n° 11, pp. 36-43).

1211 confirm. 1268. Robert, comte d'Artois. (Warnkœnig. *Flandr. Gesch.* Pièce justif. CLXV, pp. 25-30).

Asnières-sur-Oise (Oise) 1223. Louis VIII. (*Recueil des ordonn.* XII, pp. 312-314).

c G

Athyes (Somme) 1212. Philippe-Auguste (*ibid.* XI. pp. 298-302).

Aubert (Saint) (Nord) 1240. (Fr. Godefroy. *Dict. de l'anc. langue franç.* v° *Pan*).

Beaufort (Meuse) 1188. Thibaut, comte de Bar. (Jeantin, *Chron. de l'Ardenne,* II. pp. 542 et suiv.)

Beaumont-en-Argonne (Ardennes,) 1182. Guillaume aux Blanches Mains, archev. de Reims. (Bonvalot, *Le Tiers-Etat, d'après la charte de Beaumont et ses filiales,* pp. 98-110 : trad. franç. pp. 110-119.)

Beaumont-sur-Oise (Seine-et-Oise). 1222. Philippe-Auguste. (*Ordonn.* XII. 297 suiv.)
1223. Louis VIII (*ibid.* XII, 306 suiv.)

Beauvais (Oise) 1144. Louis VII confirm. 1182 Philippe-Auguste (A. Giry, *Documents,* n° II).

Bernaville (Somme) 1247. (*Ordonn.* VII, 694 suiv.)

Boulogne-sur-Mer (Pas-de-Calais) 1278. Robert VI. comte de Boulogne et d'Auvergne. (Copie : BB. Nat. Fr. Nouv. Acq. 3384).

Bourbourg (Nord) 1240. Thomas de Flandre (Copie : *ibid.* 3385).

Bulles (Oise) 1181. Guillaume de Mello et Robert de Conti, s. dubourg. (E. de Lépinois, *Rech. sur l'ancien comté de Clermont-en-Beauvoisis,* pp. 416-ssv.).

Calais (Pas-de-Calais) 1252. Mahaut, comtesse de Boulogne. (Copie : BB. Nat. Fr. Nouv. acq. 3390).

Cambrai (Nord) 1184. Frédéric, empereur d'Allemagne (Copie : *ibid.* 3390).

Carignan (Ardennes) (anc. Ivois) com. XIII° siècle. (P. Laurent. *Variétés histor. ardennaises,* n° VI.)

CHAMBLI (Oise) 1222. Philippe-Auguste. (*Ordonn.* XII, 303-307).

CHAUMONT (Haute-Marne) 1190. Henri II, comte de Champagne. (*Nouv. Rev. Hist.* 1884, pp. 296 ssv.)

CLERMONT-EN-BEAUVOISIS (Oise) 1197. Louis, comte de Clermont. (E. de Lépinois, *Recherches, etc.* pp. 460-461, 462-463).

1325. (De Luçay *Comté de Clermont...* pp. 286 suiv.)

COMPIÈGNE (Oise) 1186. Philippe-Auguste. (*Ordonn.* XI, 240 suiv.)

CREIL (Oise) 1197. Louis, comte de Clermont. (E. de Lépinois, *Recherches, etc.* p. 463).

CRÉPY-EN-VALOIS (Oise) 1215. Philippe-Auguste. (*Ordonn.* XI. 305-308.)

DOMART (Somme) 1247. (n. s.) Jean, comte de Dreux. (*Ord.* XI. 689-694.)

ECUEIL (Marne) 1229. Thibault, comte de Champagne. (Copie : BB. Nat. Fr. nouv. acq. 3395).

ERVY (Aube) 1199. Thibault III, comte de Champagne. (*Nouv. Rev. histor.*, 1884, pp. 296 suiv.)

ETAMPES (Seine-et-Oise). 1179-1180. Louis VII. (*Ordonn.* XI. 211-213).

ESCAUPONT (Nord) 1238. Gilles, sire du lieu. (Copie : BB. Nat. Fr. Nouv. Acq. 3395).

ETROEUNGT (Nord) 1248. Jean d'Avesnes. (Copie : *ibid*. 3395).

FAUQUEMBERGE (Pas-de-Calais) 1222. Guillaume de Saint-Omer. (Copie : *ibid*. 3395).

FISMES (Marne) 1316. Philippe V. (*Ordonn.* XII. 419 suiv.)

GAMACHES (Somme) 1230. Aanora, dame de Saint-Valéry. (A. Thierry. *Monuments du Tiers-État...* IV, 698 suiv.)

HAM (Somme) (du Cange *Gloss.* v° *Abandon*, édit. Henschel, I, p. 5.)

Hénin-Liétard (Pas-de-Calais) 1215. Bans de l'Echevinage de —. xiiiᵉ siècle. (Tailliar, *Recueil d'actes*, n. 253, pp. 393-438).

Hesdin (Pas-de-Calais) 1215. (Copie : BB. Nat. Fr. Nouv. Acq. 3397. — Trad. franç. Tailliar. *Recueil d'actes*, nᵒ 13. pp. 45-52).
1269. Robert, comte d'Artois. (Copie : BB. Nat. Fr. Nouv. Acq. 3397.)

Landrecies (Nord) vers 1191. Jacques, sire du lieu. Cop. *ibid.* 3398).

Manheules (Meuse) xiii· siècle. (E. Bonvalot. *Le Tiers-État...* Supp. p. 65).

Marquion (Pas-de-Calais) 1238. Jean, sire d'Oisy. (Bouthors. *Cout. loc. du Baillage d'Amiens*, II, pp. 437-438).

Meaux (Seine-et-Marne) 1179. Henri le libéral, comte de Champagne. (Brussel. *Usage général des fiefs.* I, p. 184.)

Méru (Oise) 1191. Mathieu III, comte de Beaumont. (*Bibliot. de l'Ecole des Chartes*, VI, pp. 58-75).

Metz (Alsace-Lorraine) 1212-1215. (*Hist. de Metz des RR. PP. Bénédictins*, pr. III, p. 177.)

Mézières (Ardennes) 1233. Hugues III, comte de Rethel. (P. Laurent. *Statuts de l'Echevinage de Mézières*, nᵒ 1.)

Mont et Sassey (Meuse) 1307 (Jeantin, *Chron. de l'Ardenne.* pp. 410 et suiv.)

Neufchâteau (Vosges) 1257 (n. s.) Ferry III, duc de Lorraine. (Brussel, *Usage général des fiefs,* II, p. 1018, note).

Neuville-le-Pont (La) (Marne) 1203. Blanche, comtesse de Champagne. (Copie : BB. Nat. Fr. Nouv. Acq. 3408).

Noyon (Oise) 1190. Philippe-Auguste. (A. Lefranc, *Hist. de Noyon.* Pièce justif. XXI).
1195-1223. Philippe-Auguste. (*ibid.* Pièce Justif. XXIII).

Oisy (Pas-de-Calais) 1216. Jean, sire du lieu. (A. Bouthors.
Cout. loc. du Bailliage d'Amiens. II, pp. 426-428).

Omer (Saint) Pas-de-Calais) 1127. Guillaume, comte de
Flandre. (A. Giry, *Hist. de Saint-Omer..*, Pièce Just.
III,) cfm. 1128-1165 (n. s.) (*ibid.* Pièce Just. IV. IX).
Vers 1168. Philippe d'Alsace. (*ibid.* Pièce Just. XIV.
(cfm. vers 1198. *ibid.* Pièce Just. XXII.)

Péronne (Somme) 1207. Philippe-Auguste. (*Ordonn.* V. 156-
164.)

Poissy (Seine-et-Oise) vers 1221. (*Ordonn.* XI. 315-316).

Provins (Seine-et-Marne). 1230. Thibault IV, comte de
Champagne. (F. Bourquelot, *Hist. de Provins*, I. pp. 205-
206).
1252. Thibault VI de Champagne. (*ibid.* II. p. 408).

Quentin (Saint) (Aisne) 1045-1080. Hébert IV (Bouchot et
Lemaire, *Le Livre Rouge de l'Hôtel de Ville de Saint-
Quentin*, p. XVI.)
1195. Philippe-Auguste. (*Ordonn*, XI. 270-275.)

Quesnoy (Le) (Nord) vers 1180. Aubert de Bavière. (A. Wauters, *Libertés Communales de Belgique*, preuves, pp. 34-
40.)

Raucourt (Ardennes). 1255. Gaucher, comte de Rethel.
(*Arch. comm. de Raucourt.*) — (Trad. franç. Jeantin,
Chron. de l'Ardenne II, pp. 146 et suiv.).

Rethel (Ardennes) 1253. Gaucher, comte de Rethel (Jolibois,
Hist. de Rethel).

Rouen (Seine-Inférieure) 1207. Philippe-Auguste. (A. Giry.
Etabl. de Rouen, II, Pièce Just. II.)

Roye (Somme) vers 1183. Philippe-Auguste. (*Ordonn.* XI.
228-231.)

Rue (Somme) 1210. (A. Thierry. *Monuments du Tiers-
Etat...* IV. 662.)

SENLIS (Oise) 1173. Louis VII. (J. Flammermont. *Instit. Munic. de Senlis*. Pièce Just. II.) Trad. franç, (*ibid*. Pièce Just. II *bis*).

    1322. Charles IV. (*Ordonn*. XII. 476-478).

SOISSONS (Aisne) 1181. Philippe-Auguste. (*Ordonn*. XI. 219-221).

TROYES (Aube) 1230. Thibaud IV, comte de Champagne. (*Bibl. de l'Ec. des Chartes*. XVI. pp. 139 ssv.)

THUN-SAINT-MARTIN (Nord) xiiiᵉ siècle. (A. Bouthors, *Cout. loc. du baill. d'Amiens*. II, 486-487.)

VAILLY-SUR-AISNE (Aisne) 1185. (*Ordonn*. XI, 237-239.)

VALÉRY (SAINT) (Somme) 1376. Jean d'Artois. (A. Thierry. *Monuments... du Tiers-État*, IV. 715-717).

VERVINS (Aisne) 1163. Raoul de Coucy. (*Bull. soc. Arch. Vervins* XIII.)

    1238, Thomas de Coucy. (*ibid*).

VILLENEUVE-EN-BEAUVOISIS (Oise) 1200. Philippe-Auguste. (*Ordonn*. XI. 278-280.)

BELGIQUE.

CHAPELLE-LEZ-HERLAYMONT (Hainaut) 1222. Othon, sire de Trazegnies. (A. Wauters, *Libertés Comm...* preuves, pp. 85-89).

COURTRAI (Flandre occidentale) 1324. Louis de Flandre. (Warnkœnig, *Flandrische Geschichte*, II, 2ᵉ partie, Pièce Just. CCV. pp. 140-145.)

EECLOO ET CAPRIKE (Flandre orientale) 1240 Thomas de Flandre (*ibid*. Pièce Just. CCXXXII pp. 213-219.)

Furnes (Flandre occidentale) 1240. Thomas de Flandre. (*ibid.* Pièce Just. CLX, pp. 73-80.)

Gand (Flandre orientale) 1228. Warnkœnig. *Flandr. Gesch.* II 1^r Partie, Pièce Just. XV. pp. 34-38).
1252. (*ibid.* Pièce Just. XXVIII, pp. 51-52.)
Vier Aemter de — 1242. Thomas de Flandre (Warnkœnig, *Flandr. Gesch.* II, 2e partie, Pièce Just. CCXXII, pp. 186-198.)

Montigny-sur-Sambre (Hainaut) 1253. Godescale, sire du lieu. A. Wauters. *Lib. comm.* pr. pp. 182-185).

Nieuport (Fland. occidentale) 1163. (Warnkœnig *Flandr. Gesch.* II, 2e partie, Pièce Just. CLXVII pp. 87-91.)

Ostende (Flandre occidentale) 1270. (*ibid.* Pièce Just. CLV. pp. 67-68.)

Poperinghe (Flandre occidentale) 1147 cfm. 1208. Jean, abbé de Saint-Bertin (*ibid.* Pièce Just. CLXXXVIII. pp. 111-113.)
1232. (*ibid.* Pièce Just. CXC. pp. 114-115.)

Renaix (Flandre occidentale) 1280. Guy de Flandre. (*ibid* Pièce Just. CCIX. pp. 149-155.)

Saffelaere (Flandre orientale) 1264. J. abbé de Saint-Pierre de Gand. (Warnkœnig, *Flandr. Gesch.* III, Pièce Just. CLXVI. pp. 38-46.)

Sleydinghe et Desseldone (Flandre orientale) 1268. Marguerite de Flandre. (Warnkœnig *Flandr. Gesch.* II, 1re Partie, Pièce Just. XXXIV, pp. 56-66.)

Soignies (Hainaut) 1142. cfm. 1201 (n.s.) Beaudoin de Hainaut. (A. Wauters, *Lib. comm.* pr. pp. 17, 20-22).

Tournay (Hainaut) 1187. Philippe-Auguste. (*Ordonn.* XI. 248-251) — (Trad. franç. Tailliar, *Recueil d'actes...* n° 263.)
1200 Philippe-Auguste. (*Ordonn.* XI. 281 ssv.)

TRAZEGNIES (Hainaut) 1220. Othon, sire du lieu. (A. Wauters,
Lib. comm. pr. pp. 76-82.)

WAESLAND (Flandre orientale) 1241. Thomas de Flandre.
(Warnkœnig. *Flandr. Gesch.* Pièce Just. CCXX. pp. 178-
184.)

LA SAISIE PRIVÉE

DANS LES

CHARTES ET COUTUMES DU NORD DE LA FRANCE

La majorité des lois barbares, poussée par la tendance générale des législations formées, avait cherché à restreindre la pratique de la saisie privée ; si toutes n'étaient pas parvenues à l'exclure complètement, elles en avaient du moins régularisé les formes et resserré les cas, dont le plus connu restait la plégerie pour qui elle devint comme un attribut naturel et caractéristique [1].

Les capitulaires continuèrent la lutte entreprise par les *Leges* contre la procédure d'initiative privée, primitive et dangereuse, mais l'exigence se borna, semble-t-il, ainsi que le voulait la loi Salique, à obtenir la permission du juge avant de saisir [2]. C'était introduire un élément contentieux dans la procédure extra judiciaire, et c'est par là qu'elle aurait pu se transformer, en perdant son trait distinctif, l'absence de titre exécutoire, et devenir purement judiciaire, si l'évolution

---

[1] Cf. Introduction, pp. 14, ssv., § II. *Droit germanique.* — Esmein. *Etudes sur les contrats dans le très ancien droit français*, pp. 42, 93 et 109 du tirage à part.

[2] Le Capitulaire de Pépin (ann. 787) ne dit pas autre chose : des textes plus récents constatent le maintien en pleine vigueur de la *consuetudo pignerandi*. (H. Brunner. *Deutsche Rechtsgeschichte*, II, p. 451 et n. 39).

avait pu s'achever, et si la simple permission du juge avait pu devenir la vérification au fonds du droit du créancier à la suite d'un procès complet antérieur à l'exécution.

Mais si l'évolution ne s'était pas poursuivie sous l'empire des Capitulaires, moins que jamais, à partir du xᵉ siècle, sous les premiers Capétiens, il y avait espoir de voir disparaître la procédure d'autorité propre; bien au contraire, l'état de désorganisation et de décomposition sociales, « l'anarchie spontanée » d'où allait sortir la féodalité exprimée dans les chartes des xiᵉ, xiiᵉ et xiiiᵉ siècles, favorisèrent davantage son développement. Il faut lire le récit des misères du temps dans les longues phrases des chroniqueurs Raoul Glaber, Ordéric Vital, etc... ; le pouvoir royal ou seigneurial, détenteur de la justice, était incapable de faire respecter les conventions privées comme d'assurer la liberté des personnes et d'arrêter les pillages et les violences. On comprend qu'au milieu de ce désordre moral, la *pignoratio* germanique ait repris une vitalité nouvelle et qu'elle se présente, au début de la période coutumière, comme la voie d'exécution commune : des chartes nombreuses le constatent en recommandant aux créanciers d'abandonner cette ancienne et illégale pratique [1].

Les efforts du pouvoir social, dès qu'il reprit conscience de lui-même, les décisions des conciles, les livres des vieux juristes, et surtout les chartes de communes et de villes, tout tendait, pendant la période féodale (xiᵉ-xivᵉ siècles) à battre en brèche la saisie privée, et vers la fin de cette période, au

---

[1] Ordéric Vital, liv. IX : « Ut nullus homo alium assaliat, aut vulneret, aut occidat, *nullus vadium vel prædam capiat*, etc... ». — Privilège du pape Jean (12 février 1278 n. s.) en faveur de l'abbaye Saint-Remi de Reims : «... ne quis *sub pretextu alicujus consuetudinis*, inferre nobis molestias, vel occupare bona nostra, aut *vadiare*, seu quolibet modo detinere presumat. » (Varin. *Arch. admin. de Reims*, I, pp. 933-934.)

moment des premières rédactions de coutumes, elle devait
disparaître ou mieux se transformer en imprimant aux institutions, qu'elle sanctionnait autrefois, un caractère particulier et privilégié. Au Midi, elle était combattue par l'influence
du droit romain renaissant : au Nord, elle l'était par les *paix*
des bourgeois des villes, et si l'on trouve encore au xiv° siècle
un texte aussi général que celui de la coutume de Bergerac [1].
à ce moment, son domaine était très réduit, et sa transformation complète dans les coutumes du Nord de la France qui
doivent seules nous occuper [2].

[1] *Cout de Bergerac* (1357) a. 19 : « Quilibet burgensis pignorare potest
pro suo debito cognito vel non cognito... » (Bourdot de Richebourg, IV,
p. 1067).

[2] Augustin Thierry, dans son *Essai sur le Tiers-Etat*, désigne par
région du nord les provinces de Picardie, Artois, Flandre, Lorraine, Champagne, Normandie et Ile-de-France : c'est l'ensemble que nous avons
adopté, en réservant de rapprocher des chartes et coutumes de cette
région les textes d'Angleterre et de Belgique dont le droit constituent une
évolution parallèle au nôtre.

PREMIÈRE PARTIE

LA SAISIE PRIVÉE EN GÉNÉRAL

Les sources du droit des xi⁰-xiv⁰ siècles renferment toutes des textes relatifs à l'histoire de la saisie privée : ce sont, en première ligne, les chartes de communes et de villes, dont l'étude négligée au point de vue du droit civil donne toujours des renseignements précieux, — puis les coutumiers des xiii⁰ et xiv⁰ siècles, qui ne la connaissent plus guère que dans des cas limités, même pour quelques-uns dans le cas unique de la plégerie, — enfin les coutumes les plus anciennement rédigées où les applications sont restreintes et modifiées.

Avant de chercher à pénétrer les détails de la procédure et les progrès de ses transformations, il n'est pas inutile de s'arrêter un peu sur les diverses dénominations que la saisie privée reçoit des textes : leur étude indispensable pour la philologie n'est pas moins nécessaire au regard de l'histoire des institutions juridiques, car elles marquent, souvent d'une façon frappante, l'origine et donnent l'explication du développement de ces institutions mêmes.

§ I. Dénominations de la saisie privée au moyen-âge

Les textes connaissent, pour désigner la saisie extrajudiciaire, des termes latins et français d'origine latine ou germanique : *pignorare, prendere, saisire, arrestare, distringere, gagiare, vadiare, pandare, nantare : prendre sans justice, faire prise, gagier, nanter, prendre gage, prendre en abandon, destraindre*, et leurs dérivés.

Les mots latins ou bas-latins et leurs filiaux romans n'offrent aucun intérêt historique : seul, le latin classique *distringere* est intéressant. Du Cange et ses continuateurs le signalent avec notre sens, en donnant des exemples sur *distringere* « contraindre par la saisie de biens » et *districtio* « gage ». Ce terme qui signifie d'une façon vague « exécuter ou faire exécuter une décision de l'autorité » se rencontre dans les textes canoniques, dans les textes civils français où il garda son sens large [1], tandis qu'en Angleterre il devint le terme technique servant à désigner la saisie privée, qui fut d'abord d'une application générale, puis réduite à certains cas : *distringere* a donné *destraindre* (vieil anglais *distreyne*), le dérivé *districia = districtio* a donné *destrece* (franç. détresse, angl. distress) [2].

---

[1] Cf. *Bulle d'or* de 1156 : « ... bannum, teloneum, monetam et *districtum* civitatis... concedimus. » (Mabillon, *De re diplom,* suppl. 1704 in f. p. 100). — *Cart. de Foigny* (Aisne) : ch. de 1168 : « ... scilicet dominium. advocatia, justitia, *districtum*, bannum, etc .. » (J. Flach, *Origines de l'ancienne France*, II, p. 210, n. 1.)

[2] *Domesday de Gippewyz* (auj. Ipswich) ann. 1200 cap° xlij° « De *destrece* fere burgeys sour autre. » cap° xliij° : « Coment burgeys poet *destreyndre* forreyn. » (Sir Travers Twiss, *Blackbook of the Admiralty* II,

L'expression *vadiare* ou *gagiare* (franç., gager, all. Wette, angl. wed) est restée avec le sens de saisie privilégiée dans la saisie gagerie du locateur ; c'est un terme fréquent au moyen-âge pour désigner la saisie privée [1], lorsqu'elle s'exerce contre le plége : des chartes assez nombreuses disent « gager ou nantir le plége. » L'origine germanique de ce mot est évidente : la *wadia* ou *wadium* était un objet sans valeur que le débiteur remettait au créancier pour symboliser la formation du contrat à une époque où le consentement était insuffisant : la fidéjussion en droit lombard se crée par *wadia*, et comme l'exécution du créancier dans le contrat formaliste, en particulier en matière de fidéjussion, était toujours la *pigneratio*, on conçoit que la langue du droit ait emprunté à la langue usuelle le nom du contrat formaliste, d'abord (wadiatio), et le nom de la prise de gage ou saisie privée (vadiare, gager) : la dérivation est analogue à celle qui amena le haut-latin *pignerare* ou *pignorare* à signifier « saisir » [2].

Il en est de même de *pandare* ou *pannare* et des dérivés *pandagium* et *pandatio* (franç. pander, flam. pand, all. Pfand) qui sont les termes consacrés des coutumes flamandes en notre matière [3]. L'origine de la racine est obscure, mais la

p. 128. — *Points du gildmann de Southampton* (28) : « Et si gildein ne veut soffrer que yl soit *destreint* par dette... Et si nul gildein pour aucun dette que il deuera deyue estre *destreint* ou *name* .. » (Ch. Gross., *The Gild-Merchant* II, p. 219). — *Winchester* (ann. 1215) : « Johannes... concessimus etiam üsdem civibus nostris et heredibus eorum imperpetuum quod nullus eorum per aliquem *distringatur* aliquod unde non sit capitalis debitor vel plegius. » (d° II, p. 253). — Cf. en outre du cange vis. *Distringere* [1], *Districtio* [2], (éd. Henschel II, 888-889).

[1] Fr. Godefroy, *Dict. de l'Anc. Lang. Franç.* vis. *Gagier* et ses dérivés (t. IV, pp. 200-202).

[2] Sur la *wadiatio* et le cautionnement en droit lombard, voyez la 2ᵉ étude de M. Esmein § 1 (pp. 69 et ssv).

[3] *Furnes* (1240) a. 27. *Poperinghen* (1208) §§ 2. 4. *Ostende* (1270). *Bourbourg* (1240). *Arques* (1231). — On trouve en Lorraine les mots *pan*

forme du vieux frison *Pant* et du flamand *pand* a fait songer au latin *pannus* « morceau d'étoffe » : l'idée serait alors, comme pour la *wadia* et la gagerie, une connexité étroite entre la remise d'un gage de peu de valeur servant à créer le contrat formaliste, et la prise d'un gage, voie normale d'exécution de certains peuples germaniques [1].

Les expressions *namiare, nantare,* (franç. nant, nanter) dérivent du germanique *nam* (all. nehmen) : elles ont pénétré en Normandie, et de là en France, en Angleterre et en Ecosse à la suite des invasions danoises et normandes : comme le terme *saisire,* elles indiquent l'idée vague d'enlèvement en général, sans autre rapport avec la saisie privée [2].

Un terme intéressant qui semble particulier à la Picardie et à l'Artois est le terme *abandon* : *prendre par abandon,* c'est toujours dans les textes de ces provinces saisir extra judiciairement ; on rencontre ce terme, non seulement dans les chartes, mais encore dans le *Conseil* de Pierre de Fontaines et dans les *Coutumes de Beauvoisis* de Philippe de Remi, sire de Beaumanoir[3]. L'*abandon* fut supprimé à Compiègne par un

et *pannie* dérivés de la même racine. (*Ordonnance des Maïours* §§ 51, 51. publiée par M. A. Prost dans *Nouv. Rev. Hist. de Droit Franç. et étranger* 1878). — Cf. F. Godefroy, *Dict de l'Anc. Langue franç.* V° *Pan, Pander, Panie, Panir.* (t. V. pp. 716, 720, 721).

[1] H. Brunner *op. cit* II p. 445 et n. 1. — Du Cange v° *Pannum* (éd. Henschel, V. p. 60).

[2] H. Brunner *op. cit.* II p. 416 — Du Cange v° *Namium* (éd. Henschel IV, pp. 598-599) cite la charte de Creil (1197), l'ancienne coutume de Normandie et quelques chartes du cartulaire de Saint-Wandrille : on peut y ajouter les chartes de Clermont-en-Beauvoisis (1107 et 1345.) — Fr. Godefroy. *op. cit.* V° *Nant, Nanter,* etc. (t. v. pp. 467-468.)

[3] *Conseil* ch. XV. 29 (éd. Marnier, p. 129). — Beaum. XLIII. 15. — Suivant l'exemple donné par M. Giry (*Documents sur les relations de la Royauté avec les villes de France*), nous publions les extraits des *Coutumes de Beauvoisis,* d'après le Ms. F. Fr. 4516 de la Bibl. Nation. (commencement du XIV° siècle). Le texte picard se rapproche davantage de la langue que devait parler Beaumanoir.

acte de Saint-Louis (1260), mais le terme ne disparut pas, et se retrouve dans les coutumes rédigées, à propos des animaux qui paissent en liberté dans les champs, et pour le dommage desquels s'était maintenue la saisie privée du propriétaire lésé[1].

§ II. — TENDANCES DU TRÈS ANCIEN DROIT FRANÇAIS

La première et principale question, qu'il est nécessaire d'éclaircir relativement à l'histoire de la saisie privée, est celle de savoir si, pendant la période du très ancien droit coutumier (dite aussi période féodale), ce mode sommaire et primitif de procédure était, dans le Nord de la France et les pays voisins, le droit commun : peut-on dire que, d'une façon générale, la législation de cette époque, contenue surtout dans les chartes de villes et de communes, autorisait le créancier non satisfait à se faire justice à lui-même?

. Si des textes assez fréquents semblent donner contre le débiteur ce moyen rapide de recouvrement des créances, tandis que d'autres l'excluent en principe ou ne l'admettent que pour des cas limitatifs, on doit affirmer cependant que, malgré la recrudescence des actes privés, la règle commune n'était pas la permission absolue de saisir d'autorité propre. Sauf de rares exceptions, on voit apparaître, à côté de la règle qu'on croirait de portée illimitée, une restriction, une

---

[1] Du Cange v° *Abandon* (éd. Henschel I, p. 5) cite les chartes d'Ancre (1158), St-Quentin (1195), Arras (1211) ; on peut y joindre celles d'Arras (1194), Rue (1210), Noyon (1190 et 1145-1223), Athyes (1212), Crépy-en-Valois (1215) et Roye, (vers 1183). — L'acte de St-Louis est rapporté par du Cange, de Laurière (*Ordonnances...* I, p. 293) et Beugnot (*Olim* I, p. 475.)

c 7

réserve qui entame le principe et en tempère l'application : c'est l'étude de ces restrictions, de leurs progrès et de leurs transformations qu'il est intéressant de suivre jusqu'au XVe siècle environ : elles sont, pour la plupart, déjà écrites dans les chartes, même les plus anciennes, et le droit postérieur s'en empare pour les développer et en déterminer l'évolution. Toutes ont une raison d'être et une origine communes : elles se sont, dès le début même du droit français, incorporées au principe, que par la suite les praticiens et la jurisprudence joignant leurs efforts au travail du pouvoir social et des bourgeois désirant la paix dans leurs villes, ont fini par anéantir pour faire triompher le principe des législations modernes, la prohibition de se faire justice à soi-même.

L'un des textes les plus nets et les plus énergiques de ceux qui permettent la saisie privée est la charte accordée aux bourgeois de Paris par Louis VI le Gros en 1134 [1] : elle laisse aux créanciers non payés à l'échéance le pouvoir de saisir partout et de la façon qu'il leur plaira, les biens des justiciables du roi pour acquittement de la dette ; même, l'ordonnance recommande aux bourgeois de s'entr'aider dans cette œuvre, et ordonne au prévôt et aux officiers de justice de leur prêter main-forte : de plus, par une faveur remarquable, au cas où le créancier saisirait les biens d'un débiteur qui ne reconnaîtrait pas sa dette et ne pourrait être convaincu de son existence, le roi accorde à ses bourgeois de Paris le droit de n'encourir envers lui aucun forfait, mais les oblige seulement à réparer le dommage et à payer les frais du

[1] *Ordonn.* I, p. 6 et Isambert *Anciennes Lois* 1, p. 143 : « Ego Ludovicus etc... notum volumus... quod Burgensibus nostris Parisiensibus universis præcipimus et concedimus, si debitores sui, quibus sua crediderint debita, quæ si negata fuerint, legitime probari poterunt, terminis a Burgensibus datis non solverint, *Burgenses de rebus debitorum suorum quidem justicia nostra sint, ubicumque et quocumque modo poterunt tan-*

procès en vérification de créance. Cette ordonnance capitale
pour les Parisiens ne faisait aucune réserve : elle n'exigeait
pas que la dette fût reconnue, ni même qu'on fût sûr de son
bon droit. Il est cependant curieux de remarquer qu'elle fut
confirmée par les successeurs de Louis VI : Philippe-Auguste,
Louis X (1315 n. s.), Philippe VI (mars 1345), Jean (juin
1351), Charles VI (1409) [1]. Dans cette longue période, le
principe était resté : les motifs avaient changés, le roi Jean
basant sa confirmation sur la situation particulière de Paris
« la tête du royaume », où affluent les marchands et les
étrangers, et, de plus, le progrès des mœurs avait fait remplacer, à partir de 1351, le créancier lui-même par le sergent
royal [2] : enfin, bien que maintenu en droit, le texte perdit
son autorité à l'égard des bourgeois débiteurs, et, s'inspirant
du préambule de 1351, la coutume rédigée en 1510 (art. 192
devenu art. 173 de la coutume de 1580) ne laissa subsister

tum capiant, unde pecuniam sibi debitam integre et plenarie habeant, et inde
sibi invicem adjutores existant, — et si aliquando de rebus quorumlibet
ceperint, et illi aliquid se eis debere non cognoverint, si legitime inde
convinci a Burgensibus non poterunt, Burgenses nullum erga nos forisfactum incurrent, sed expensam et damnum, quæ illi propter hoc facient et habebunt, cum lege qua vivunt reddent et emendabunt. — Volumus... ut Præpositus noster Parisiensis, et omnes famuli nostri
Parisienses futuri et præsentes ad hoc sint in perpetuum Burgensibus
adjutores. »

[1] *Ordonn.* II, pp 437–439, IX p. 464.

[2] Ordonn., du roi Jean (1351) : « Johannes, etc... Nos autem conside-
rantes quod ad dictam villam Parisiensem tanquam ad caput et insi-
gniorem locum totius Regni nostri, Mercatores et alii abundantius et
frequentius confluunt quam in aliis villis dicti Regni, et propterea
dignum et rationi congruum reputantes, ut ejus habitatores inter
cetera dicti Regna speciali gaudeant prærogativa favoris, prædictum
privilegium et contenta in ea renovantes, ea Laudamus.. declarantes
ut Burgenses ipsi non propria, sed vocatis nostris servientibus debitores suos prædictos possint in prædictis casibus et facient arrestare..... »

l'arrêt que contre les forains : c'est là l'origine du privilège d'arrêt des habitants de Paris [1].

Les autres chartes qui contiennent la permission de saisir sans titre sont loin de présenter une formule aussi absolue que celle de l'ordonnance de 1134, et de s'appuyer sur des considérants aussi motivés : leur texte en est néanmoins très clair. On peut d'abord citer les chartes des villes du comté de Beaumont-sur-Oise : Méru (1191), Beaumont (1222), Chambli (1222), Asnières-sur-Oise (1223), qui ont imité la charte de Bulles (1181), dans le comté voisin de Clermont-en-Beauvoisis [2]. En Picardie, le principe est posé dans les chartes de Ham, Rue (1210) et Noyon (1190) [3] : celles d'Arras (1194), et de Saint-Omer (1127), l'admettent aussi [4]. En Flandre, la *Keure* de Gand de 1228 et le tarif des gages de l'*aman* (1252), supposent la même règle [5]. Enfin si, pour la ville de Metz, nous manquons d'un texte aussi caté-

[1] Cf. Esmein *op. cit.* p. 112; Tambour *Voies d'exécution .... dans l'ancien droit français* (1856) II, pp. 51-53.

[2] *Bulles* (1181) a. XIX : « Homines communie de debitoribus suis in omnibus locis capient... ». — *Méru* (1191) a. 20 : « Jurati nostri, quibus hec censa et libertas datur, de debitoribus suis in omnibus locis capient... ». — *Beaumont-sur-Oise* a. 17, *Chambli* (1222) a. 25, *Asnières* (1223) a. 12 : « Homines hujus Franchisie in omnibus locis comitatus Be'li-Montis. . poterunt capere de rebus debitorum suorum manentium in eodem comitatu. »

[3] *Ham :* « Si quis de communia suum habandum capere voluerit, non illud capiat, nisi duobus testibus adhibitis... », — *Rue* (1210) a. 34 : « Jurati poterunt abandonum suum capere intra banleiam suam. » — *Noyon* (1190 et 1195-1223) a. 6 : « Si aliquis in villam venerit et homo de communia vadium suum per abandum ceperit .. »

[4] *Arras* (1194) : « ..., Burgensis vadium militis ad abandum accipiet intra pacem civitatis sine forisfacto ». — *Saint-Omer* (1127) a. 2 : « Si quis burgensis Sancti Audomari alicui pecuniam suam crediderit... quod si, die constituta, pecuniam non persolverit, ipse vel bona ejus, donec omnia reddat, retineantur. »

[5] *Gand : Keure de* 1228. a. VII : « Debitum, quod duo scabini cognoscunt, pannabitur. » *Tarif des gages de l'aman* (1252) : « Ex pandiatione quam burgensis super burgensem facit, tres solidos. »

gorique, la lettre de commune paix (1212-1215), présume l'existence de la *prise de pan* : de plus, la fonction des gardiens de *pannies*, chargés de garder les gages pris par les particuliers, ne s'expliquerait pas sans elle, et la procédure de l'*estault* sur laquelle il conviendra d'insister n'est en réalité qu'une atténuation d'une procédure plus ancienne [1] : aux environs de Metz, la prise de gages est attestée par des documents positifs des XIII° et XIV° siècles [2].

On a pensé aussi que toutes les villes d'arrêt auraient connu, dans le passé, la même règle absolue que l'on constate pour l'une d'elles, Paris ; le privilège restreint contre les forains serait un démembrement d'un droit normal transformé : on peut y voir, avec autant de certitude, une création directe de l'autorité s'expliquant d'une façon rationnelle par la situation spéciale des étrangers, création faite, d'ailleurs, à l'imitation de la procédure suivie d'abord entre bourgeois, soit pour toutes dettes, soit pour des cas limités.

En face de ces textes, d'autres prohibent la saisie d'autorité privée : les chartes de communes et de villes la défendent autant qu'il est en leur pouvoir, c'est-à-dire dans la limite de juridiction des autorités municipales et dans la banlieue, et aussi entre bourgeois seuls, car en dehors de la commune ou contre un non bourgeois, le créancier est libre de recouvrer sa créance comme il veut et comme il peut, la paix ne protégeant ni n'aidant personne hors de ses limites et hors de ses jurés.

Le texte qui pose le mieux cette prohibition est celui de la

---

[1] *Lettre de commune paix de Metz* (1212-1215) : « Qui unques penra pan... ». — Sur les gardiens de *pannies* et l'*estault*, cf. Aug. Prost, *Ordonnance des Maiours*, loc. cit.

[2] Cf. Fr. Bonnardot, *Documents sur le droit coutumier à Metz aux XIII° et XIV° siècles* (*Nouv. Rev. Hist. de Droit franç. et étranger* 1885), pièces II et XI.

charte de Soissons, dont l'article 1er concède aux bourgeois la garantie de la liberté individuelle en ces termes : « Infra civitatis Suessionensis firmitates, alter alteri recte secundum suam opinionem auxiliabitur, et *nullatenus patietur quod aliquis alieni eorum* aliquid auferat…. *vel quidlibet de rebus ejus capiat.* » Il est reproduit dans les chartes de Vailly-sur-Aisne (confirmée en 1185) a. 1, de Compiègne (conf. en 1486) et de ses dérivées : Senlis (1173) et Villeneuve-en-Beau-voisis (1200).

. Les *Etablissements* de Rouen (a. 26), empruntés par une grande partie de l'Ouest, repoussent la saisie privée d'une façon indirecte, en disant que le montant de la dette sera livré au créancier (par le maire, sans doute), si le débiteur a de quoi payer, sinon il est banni de la ville : l'art. 26 des *Etablissements* donna naissance à l'exécution coutumière connue à Bayonne sous le nom de *paie de commune (pague de comuni)* [1].

La charte d'Amiens (1190) a. 4, origine de celle d'Abbeville et des nombreuses chartes de la Basse-Picardie et du Marquenterre, refuse au créancier droit de saisie, puisqu'elle ordonne au prévôt, et, à son défaut, aux maires et échevins, de poursuivre en justice celui qui enlève les biens de son juré [2].

A Reims, la coutume ecclésiastique, datant de la fin du XIIIe siècle, dite le *Liber practicus de consuetudine Remensi* généralise le privilège déjà énoncé dans un acte du pape Jean pour l'abbaye de Saint-Remi [3].

---

[1] A. Giry, *Etabl. de Rouen* I, p. 166; II, pp. 34-35.

[2] *Amiens* (1190) a. 4 : « Si quis de communione alicui jurato suo res suas abstulerit, a preposito nostro summonitus, justiciam persequetur : si vero prepositus justicia defuerit, a maiore et scabinis summonitus in presentia communionis veniat. . »

[3] *Liber practicus* II^a pars, CCXIV : Cives remenses pro debitis suis

Les chartes de Vervins (1163 et 1234) a. 24 accordées à plus de cent localités du Nord-Est, formulent de la même manière l'interdiction de saisir sans justice : « Quidquid a burgense alicui creditur et si non reddatur de suo non capiat. » « Et s'aucuns bourgeois eust creut à autrui, se cil ne li paiast, il ne peust mie panre del sien sans justice. »

En Flandre, on peut relever aussi quelques textes intéressants : c'est d'abord les chartes de Prisches (1158) et d'Anor (1196), celle du Quesnoy (vers 1180) : la charte d'Etrœungt (1248) punit même d'une amende celui qui prend d'autrui sans justice [1] : enfin les *Keures* de Poperinghen (1147, 1208, 1233) qui posent dans leur § I le principe de la jouissance libre des possessions de chacun, expriment de la façon la plus parfaite que la saisie ne peut être que judiciaire, après jugement et par les soins d'un officier public, en faisant intervenir le *præco* pour exécuter la décision de la *cora* et des jurés [2]. Les *Keures* d'Arques près Saint-Omer (1232 n. s.), de Bourbourg (1240), de Furnes (1240) a. XXV connaissent la même formule.

En Angleterre, le *Domesday* de *Gippewyz* (cap° xlij°) dé-

arrestari non possunt. » (Varin, *Arch. Législ. de la ville de Reims*, 1re partie, *Coutumes*, p. 177.)

[1] *Prisches et Anor* : « Nous octroyons en celle ville institution de paix, c'est que dedens les termes de la paix nuls coment que ce soit sierf ou francq fors pour paix violée prendre puist sans justice. ». — *Le Quesnoy* : « Et oussi est en le loi que se aucuns bourjoix, masuwier de ledicte ville u aultres qui est prisé le franquise fait ou a fait dette où que ce soit, on ne le puet constraindre lui ne ses biens dedens le banlieuwe liquelle commenche... ». — *Etrœungt* : « S'aulcuns tole à aultruy sans justice aucune cose pour quelconque maniere ce soit, il l'amendera au seigneur de X sols et de V à celluy qui se clamera. »

[2] *Poperinghen* § I : Unusquisque rebus suis et possessionibus gaudeat et libere sine oppressione et calumpnia perfruatur. » § II : « Præco neminem paudare debet nec potest!.. nisi cora et jurati prius judicaverint. »

fend au bourgeois de *destraindre* son bourgeois, et le force à
se plaindre au bailli *en forme de loy*[1].

Aux textes des chartes, doivent se joindre ceux des coutumiers ou livres de pratique, dont les auteurs sont en principe défavorables à la persistance de l'exécution privée :
ces auteurs énoncent, en effet, non pas l'état du droit en
vigueur de leur temps, mais, au moins en notre matière, une
opinion personnelle, une tendance née de la culture du droit
romain ou puisée à la source du droit naturel; aussi, pour
beaucoup d'entre eux, comme M. Viollet l'a indiqué pour
Beaumanoir à propos de la faculté de « nantir le plége » en
Beauvoisis, il est souvent difficile de connaître à quelle législation ils se réfèrent, à celle de leur époque ou à celle de leur
esprit ? L'auteur inconnu du *Coutumier d'Artois* (vers 1300),
repousse formellement la prise sans justice qu'il range parmi
les cas de force : « Force si est faite bien aperte se uns me
doit et je preng ses gages sans justice, car sans justice ne
le puis je faire, que je n'en soie en amende ; *car il ne loist a
nului prendre por sa dete ne la chose qu'il aura prestée, sans
justice.* »[2] C'est aussi le langage du compilateur des *Etablissements de Saint-Louis* qui ajoute au passage de la Coutume
de Touraine-Anjou une réflexion personnelle fondée sur le
Digeste[3], tandis que le *Livre Roisin*, qui réunit les décisions

[1] *Domesday de Gippewys* (auj. Ipswich) ann. 1200 : « Nul burgeys de
la vyle ne destreygne autre burgeys de meyme la vyle de lautorite de
meyme pur trespas. qil ly eyt fait, ne pur dette qil ly deyt, mes se
pleygne a les baillifs de la vyle en forme de ley. » Sir Travers Twiss,
op. cit. II, p. 128)

[2] *Coutumier d'Artois*, XXX, 10 (éd. Ad. Tardif. p. 81).

[3] *Etablissements*, L. CXXXVIII : « No nule persone ne doit faire bonage
(bornage) sans joutise ; car nus ne se doit faire joutise, nes de son
deteur ne doit nus prandre sanz joutise, se ses de tierres ne li baille,
de sa bone volenté ; mais il doit venir à la joutise et requerre droit et
demander. Et que ce soit voirs que nus ne se doit faire joutise, ne

de l'Echevinage de Lille sans y mêler de pensées propres, constate l'obligation de recourir à la justice pour toute saisie, et en particulier pour le locateur non payé des termes dus, d'après la coutume même de la ville[1] . Pierre de Fontaines, dans son *Conseil à un ami*, obéit, comme les praticiens cités, au désir de voir disparaître la saisie privée, et, remarquant qu'elle n'est plus possible aux villains et aux bourgeois, qui doivent recourir à la justice, il dit : « Et ceste forme oste molt de tricheresses demandes, et s'acorde à tote loiauté. »[2] »

D'ailleurs, les coutumiers et de nombreuses chartes se rangent plutôt dans une série moyenne, qui, entre deux termes extrêmes, la permission ou la prohibition absolues, tolère la saisie privée dans quelques cas limités, parfois même dans le cas unique et si intéressant de la plégerie. L'existence de cette classe intermédiaire de textes, les expressions restrictives des chartes et des coutumiers permettent donc de conclure que, malgré la faveur dont jouissait l'initiative personnelle au début de la période coutumière, l'exécution extrajudiciaire n'était pas, en général, la procédure normale du recouvrement des créances.

§ III. — Conditions d'exercice de la saisie privée

Quand elle est autorisée, soit en principe sauf les réserves,

prendre de l'autrui sanz le commandement et la volenté à la joutise, il est escrit en la Digeste, ou titre Des choses qui sunt faites par force ou par peor, en la loi qui se commance : Extet enim decretum, où il est escrit de ceste matiere. » (éd. P. Viollet II, pp. 265-266).

[1] *Livre Roisin* (éd. Brun-Lavainne), p. 71.

[2] *Conseil*, XV, XXIX (éd. Marnier, p. 129).

soit pour des cas particuliers, la saisie du créancier est toujours soumise à des conditions qui varient suivant les lieux, mais qui démontrent à quelles tendances d'apaisement et de justice obéissaient les législateurs des « bonnes villes » et les premiers juristes.

A part l'ordonnance de Louis VI pour Paris, dont les termes tranchent si vivement sur le reste des chartes de villes, jamais les textes n'admettent et ne conseillent de prendre comme on veut ou comme on peut : tous cherchent à garantir la liberté individuelle des habitants en interdisant de saisir quelqu'un qui ne soit ni débiteur ni plége de la dette, et à protéger le débiteur ou la caution en intimant au créancier l'ordre de suivre une certaine procédure, de mettre des formes, dans son acte d'autorité propre, enfin en lui défendant d'agir contre certaines personnes, en certains endroits, à certains moments ou sur certains objets.

I

Les documents des xiie au xive siècles interdisent au créancier de saisir les biens d'une personne autre que le débiteur ou le plége mis sur la même ligne que le débiteur principal : cette interdiction paraît, à nos idées modernes, une naïveté formulée à plaisir par les textes, et cependant elle figure non seulement dans les chartes, mais aussi elle est une clause importante des traités et conventions diplomatiques accordant des privilèges aux citoyens d'une ville ou d'un état.

Cette garantie s'énonce généralement ainsi : *Nullus vel res ejus pro debito alterius arrestetur de quo non sit debitor vel plegius* (Péronne, a. 18); *Nemo capietur nisi sit debitor vel fidejussor.* (Soissons, a. 11). On la trouve écrite dans la grande famille de chartes de communes issues de celle de Soissons (Beauvais, a. 15 ; Compiègne, a. 13 ; Senlis, a. 11 ; Villeneuve-en-Beauvoisis, a. 12 ; Vailly-sur-Aisne, a. 11), et dans la charte de Péronne (a. 18) et ses filiales (Athyes, a. 16, Hesdin, a. 20) [1]. En Angleterre, la charte de privilèges accordée par le roi Jean aux bourgeois de Winchester (1215) contient la même garantie [2].

Les souverains et les seigneurs insèrent, à l'imitation des chartes de villes, semblable faveur parmi les privilèges qu'ils concèdent aux marchands et étrangers qui viennent commercer sur leurs terres; ainsi, Henri III d'Angleterre délivre aux bourgeois et marchands d'Amiens un acte d'immunité, en date du 25 mars 1257 (n. s.), acte étendu aux citoyens d'Abbeville (25 novembre 1269) et à ceux de Douai (24 novembre 1261, et confirmation d'Edouard V en novembre 1315) [3] : encore le roi fait-il des réserves au cas où les débiteurs seraient manants de la même ménie, communauté de ménage et

---

[1] La charte de Tournay, qui a servi de modèle à celle de Péronne, ne contient pas d'article correspondant à l'art. 18.

[2] Cf. *suprà* p. 94. n. 2

[3] *Privilèges d'Henri III pour Amiens* : « Ipsi (mercatores) vel, eorum bona... non arrestentur pro aliquo debito de quo fidejussores aut principales debitores non extiterint, nisi forte ipsi debitores de eorum sint communia et potestate ». (Aug. Thierry, *Monuments inédits de l'histoire du Tiers-Etat.* I, pp. 219-220). — Même texte latin pour *Abbeville* (Aug. Thierry, *op. cit.* IV, pp. 35-36); *trad. franç.* : « .. ch' est assavoir que il (les marchands) ou leur bien,.... ne soient arresté pour aucune dette de quoi il n'aient esté plége ou principal detteur, fors que s'ainsi estoit par aventure que chil detteur fussent ou soient de leur communigne et pooir... » — Les privilèges de *Douai* ne nous sont connus que par une indication tirée des Archives municipales de cette ville. (*BB. Nat. Fr. Nouv. Acqu.* 3304 fol. 273 r°).

« poesté » [1]. Jean Baliol, roi d'Ecosse, concède un privilège analogue aux gens des marchands d'Amiens (15 avril 1393)[2] ; en France, Philippe-Auguste précise, parmi les avantages accordés aux marchands d'Ypres, qu'aucun d'eux ne pourra être arrêté ni ses biens saisis, pour les dettes du comte de Flandre ou d'un autre débiteur (1193), et la comtesse de Flandre, Mahaut, fait de même pour les marchands qui fréquentaient l'étape de Saint-Omer (15 juillet 1320)[3].

Bien plus, ce n'est pas seulement entre nations que se forment les traités, les villes d'un même pays ou de pays différents, dont les rapports soulèvent incessamment de véritables questions de droit international ou mieux « inter-urbain », unies par de nombreuses relations d'affaires, font entre elles des traités de paix pour garantir à leurs bourgeois la sécurité et la liberté. On conserve les textes latin et *roumant* d'un pacte d'immunité conclu entre les communes d'Abbeville et d'Hesdin, dans le but unique d'assurer aux Hesdinois venant à Abbeville la garantie de n'être pas détenus pour la dette d'un

---

[1] Les privilèges octroyés par les rois d'Angleterre étaient, sans doute, les mêmes pour toutes les villes qui constituaient la *Hanse de Londres* : « Douays, Abbe-ville em pontiu, Amiens » figurent en effet au nombre de ces villes. (cf. *Livre Roisin* éd. Brun-Lavainne pp. 151-154).

[2] *Privil. de Jean Baliol pour Amiens* : « Concessimus et eisdem civibus et mercatoribus, ut nullus homines suos aut homines suorum capiat pro alicujus debito, plegiagio vel forisfacto, nisi pro corumdem proprio debito, plegiagio, vel forisfacto. » (Aug. Thierry *op. cit*, I, p. 300).

[3] *Privil. de Philippe-Auguste pour Ypres* : « nec ipsi (mercatores) autres sorum pro pecunia, quam comes Flandriæ aut alius debeat, arrestabuntur, nisi illi, qui arrestabuntur, debitores fierint aut fidejussores ». (Warnkœnig, *Flandrische geschichte*, II, 1re partie, *Pièce justific.* LXXVIII, pp. 160-161). — *Privil. de la comtesse Mahaut* : « Item, tous lesdiz marcheans et chascun de euls sont en franchis en notredite juridicion que il, ne leurs biens ne seront arrestez pour nulle roberie, homicide, arrest, contraust qui puisse estre fait, se cil qui arrestez est n'est faiseur ou debteur principal ou plége ». (A. Giry, *Hist. de la ville de Saint-Omer et de ses Instit. i. q. au XIVe siècle. Pièce justific.* LXXIX, p. 457).

autre (vers 1282)[1] ; en Flandre, les habitants du pays ont liberté entière de commercer à Cologne, sans craindre de répondre pour un compatriote (traité du 25 mars 1197), et les Gantois passent avec la même ville une convention, contenant une clause formelle de réciprocité (mai 1284)[2].

La nécessité d'écrire une telle disposition dans les chartes et les traités ne paraît pas superflue, si l'on remarque que, pendant une longue période de temps, le pouvoir social s'était désintéressé de la justice, laissant à l'initiative individuelle un libre cours qu'il n'avait plus la force d'enrayer. Dans l'état d'anarchie, précurseur de la féodalité, pour parvenir au recouvrement de sa créance, le bourgeois employait tous

[1] *Contrat passé entre les communes d'Abbeville et d'Hesdin* : « Sciant omnes tam presentes quam futuri quod major et jurati de Abbatisvilla, consensu totius communie, propter amorem majoris et juratorum et omnium proborum hominum qui multum se diligunt inter se, statuerunt quod nemo de communia de *Hesding*, pro aliquo debito, intra Abbatisvillam detineri poterit, nisi debitum debuerit aut plegius debiti fuerit. » — « *Le Roumont de ledite lectre* : Sachent tous tant présens comme advenir que li maires et li jurés de Abbeville, du consentement de toute la commugne, pour l'amour du maieur et des jurés et de tous les preudhomes de Hesding qui moult s'entre aiment entre aulx, ont établi que nus hommes de le commugne de Hesding, pour aucun debt, ne p isse estre detenus dedens Abbeville, s'il ne doit le debt ou s'il n'est pleges du debt. » (A. Thierry, *op. cit.* IV, pp. 40-41).

[2] *Convention entre Cologne et les Flamands* : « Nichil repetatur ab eis (Burgenses Flandriæ) pro debito alterius, nisi illud proprio ore reddere promiserint, vel fidejussores fuerint. » — *Accord entre Gand et Cologne* : « ...Noveritis quod inter villam Gandavensem et civitatem Coloniensem, compositio talis est inita, quod nullus oppidauus Gandavensis vel bona ipsius possunt arrestari ab aliquo de civitate Coloniensi pro debito alieno, nisi fuerit fidejussor vel factus debitor principalis; et e converso quod nullus civis Coloniensis vel bona ipsius possunt arrestari ab aliquo de Gandavo similiter pro debito alieno, nisi fuerit fidejussor vel factus debitor principalis, vel possessor bonorum debitoris principalis vel fidejussoris... » (Warnkœnig, *op. cit.* trad. Gheldolf, II, *Piece justif. VIII,* pp. 429-430 ; III, *Piece justif. XXXVI,* p. 297. Cf. édit allem. II, 1re Partie, *Piece justif. XXXVIII,* p. 70).

les moyens, et saisissait, en vue d'amener le débiteur à com-
position, les biens et la personne de sa femme, de ses parents, de ses amis, de ses compatriotes [1] . La vitalité de cette
coutume barbare était profonde, si l'on s'en réfère aux textes
qui y font encore allusion et en conservent plus d'un souvenir.
D'une part, la charte de Soissons (art. 11) laisse au créancier
la faculté de se faire payer comme il l'entend des dettes contractées avant que la commune n'ait été jurée, tandis que,
pour celles contractées postérieurement, elle ne tolère que la
saisie du débiteur ou de son plége [2] : cette disposition, reproduite par les filiales de cette charte, évitant de porter atteinte au passé, en écartant tout effet rétroactif, prouve bien
la persistance de l'ancienne coutume devenue un droit véritable. [3] En second lieu, plusieurs textes prévoient le cas
où quelqu'un aurait été arrêté pour la dette du seigneur : celui-ci promet aux bourgeois la délivrance et la réparation du
dommage à eux causé par cet arrêt de corps ou de biens.
C'est donc qu'il arrivait qu'on saisît le sujet d'un seigneur
afin de le contraindre à payer une dette qu'il ne devait pas,
procédé irrégulier que le droit postérieur s'efforce de répri-

[1] La charte de St-Quentin, confirmée par Philippe-Auguste en 1195,
prend soin d'avertir que le roi ne prendra ni la femme, ni les vêtements
du débiteur. *St-Quentin, art. 47* : « Si burgensis fuerit *jetis* (*var.* re-
tentus) pro catallo, vel pro forisfacto, quod nos super eum assequti
fuerimus, nec uxor ejus, nec vestes quibus induetur pro eo capi poterunt. »

[2] *Soissons. a. 11* : Pecuniam illam quam homines istius Communie
crediderant antequam Communiam hanc jurassent, si rehabere non
poterint postquam inde justum clamorem fecerint, *quærent quoquo
modo poterint quomodo creditam pecuniam rehabeant.* Pro illa vero pecunia quam crediderant postquam hanc Communiam juraverint, *nullum
hominem capient, nisi sit debitor aut fidejussor.* »

[3] Chartes de *Compiègne,* a 13 ; *Senlis,* a. 11; *Villeneuve-en-Beauroi-
sis,* a. 12; *Vailly-sur-Aisne,* a. 11.

mer. [1] La promesse du seigneur est contenue dans la charte
de Troyes (1230) a. 23, donnée à Provins (1230) et à Neufchâteau (1257 n. s.)[2], dans celles de Mézières (1233), de Rethel (1253), de Raucourt (1255) où les comtes de Rethel
s'engagent à rembourser « les deniers de l'assise et les
forfaits », selon la valeur des biens du saisi au jour de l'arrêt,
taxée par serment des échevins sans contestation possible de
leur part[3]. La même réparation est assurée aux hommes de
Trazegnies (1220) et de Renaix (1280)[4]; enfin la charte
créant la foire de Fauquembergue, pose à la fois le principe
de la garantie du tiers n'étant ni débiteur ni plége, et l'obligation pour le sire de Faucuebmergue de délivrer et d'indem-
niser le bourgeois et ses biens arrêtés pour sa dette [5].

[1] *Etabliss. de St-Louis*, I, CXII (éd. Viollet, II), et textes cités pour
le Dauphiné et la Provence par Tambour *op. cit.* pp. 48-49.

[2] *Troyes* a. 23 : « Et est à savoir que se aucuns de la communeté de
Troies estoit arestez, et pris en aucun leu por ma dète, ge lo sui tenuz
à delivrer lui et ses choses do mien. Et s'il estoit pris arestez por autre
chose, ge lo sui tenuz à aidier et délivrer à bone foi. »

[3] *Mézières* (1233) a. 11 : « Si burgensis de Maceriis ab aliquo arrestatus
fuerit vel res ipsius pro me; ego eum et res suas debeo deliberare, si
potuero ; et nisi potuero ipsum et res suas deliberare, tamen teneor
eum deliberare de denarüs assisie et de forisfactis ville de Maceriis,
secundum valorem facultatum suarum, quas habebat tempore quo arrestatus fuit et hoc taxatum erit per juramentum scabinorum, nec
dicto scabinorum quod super hoc dixerint possum aliqualenus obviare. »
Même texte à *Rethel* et *Raucourt*.

[4] *Trazegnies* (1220): Si homines ville pro debito domini vel fidejus-
sione damnificantur vel alicui detineantur, istud debet domino inti-
mari. Quô audito, ad villam tenebitur remeare, et infra LX dies prose
ipsis damnificatis omnia damna plenarie resarcire. » — *Renaix* (1280)
a. 18 : « ... Et se on arrestoit homme de le ville de *Rosnays* u le sien
por oquoyson dou seigneur u ke che fust, delivrer len doit li sires toute
quitte. »

[5] *Fauquembergue* (1222) : « Condedimus etiam omnibus venientibus
feria quin'a ad forum de Falcoberga veniendi et redeundi libertatem
quantum ad debita dominorum suorum erga burgenses Falcobergá nec
ab aliquo homine nostro de Falcoberga *poterunt arrestari feria quinta*

II.

Permise contre le débiteur, soit pour toutes dettes, soit dans certains cas exceptionnels, la saisie privée, acte brutal à l'origine, s'était maintenue avec sa rigueur primitive, sans que le créancier fût obligé de suivre une procédure quelconque, ou sans qu'il fût assisté d'un représentant de l'autorité ; la saisie privée, au moins selon la coutume de plusieurs localités où elle subsistait, était restée, au moyen-âge, un simple fait d'ordre extrajuridique que le droit semble tolérer sans chercher à le régulariser et à le soumettre. Au contraire, la majorité des chartes, désirant entraver les ·actes illicites que pouvait commettre le créancier, se montre plus exigeante, et requiert de lui l'accomplissement d'une véritable procédure, sans aller jusqu'à demander un titre exécutoire, ce qui aurait transformé le caractère de la saisie en la rendant pleinement judiciaire.

Il est facile de remarquer que l'évolution historique de l'obligation s'opère dans un continuel relâchement du lien personnel entre les parties contractantes, de même, le progrès de l'exécution consiste à adoucir la situation du débiteur en atténuant l'effet rigoureux et primitif de la contrainte corporelle. Les textes du moyen-âge jouent leur rôle dans cette évolution, car s'ils conservent la saisie privée, ils la règlementent afin de donner au débiteur des garanties de diffé-

<hr>

nisi pro suo debito vel pro sua plegiatione : et volumus etiam quod si aliquis burgensium de Falcoberga vel catalla sua pro debito vel pro plegiatione domini de Falcoberga alicubi arrestentur **quod dominus de Falcoberga cum suis rebus liberet ab omni casu et dampno.** »

rente nature : c'est ainsi qu'ils exigent l'assistance de témoins, comme le vieux droit irlandais, — ou bien le prononcé de paroles solennelles comme la *pignoris capio* romaine, — enfin et surtout l'intervention directe ou non de la justice municipale, continuant en cela la tradition de la loi Salique, ou plutôt obéissant à un besoin naturel d'ordre et de paix.

I. — Quelques textes rares requièrent, pour la validité de la saisie, la présence de deux ou plusieurs témoins : de la disposition de la charte de Ham qui n'autorise pas un bourgeois à prendre abandon « nisi duobus testibus adhibitis », on rapprochera la charte d'Ivois-Carignan (comment. du xiii° siècle) qui ordonne au créancier non payé d'appeler deux bourgeois, et punit celui qui refusera d'accompagner son juré à la prise de gage, de cinq sols dus au seigneur [1].

II. — Partout, au moyen-âge, le formalisme avait disparu en notre matière, et la saisie s'accomplissait sans que le créancier fût astreint à un rite sacramentel ; un souvenir de la procédure rituelle s'est cependant conservé dans une coutume célèbre du Nord-Est de la France : l'*arche ou loy* de Beaumont-en-Argonne, recueil de pratique judiciaire compilé, sans doute, au xiv° siècle, souvent confondu avec la charte de 1182 donnée à cette commune par l'archevêque de Reims, Guillaume aux Blanches-Mains, et étendue à plus de 500 localités. L'art. LII de la charte de 1182 avait posé le principe que le saisissant devait, au préalable, obtenir le consentement du maire et des jurés, sous menace d'une amende

---

[1] Charte d'Ivois-Carignan a. 21 : « Se aulcun est obligé pour une dette a ung bourgeois et rendre ne vouldrat ou payer la debte, pour prendre gaige .. il appellerat deux bourgeois lesquelles qu'il vouldrat, et quy refuserat de y aller il payerat cinq solz au seigneur. »

de dix sous : « Alter alterius vadium pro debito suo accipere non poterit, nisi consensu majoris et juratorum, et si absque eorum consensu illud acceperit, decem solidos dabit, domino octo solidos, majori duodecim denarios, juratis duodecim » [1]. La *loy* développe ce principe dans son art. 35 : les mots que prononce le créancier : « *Je le gaige* » sont les derniers vestiges du formalisme ancien ; ils ne suffisent pas, dit le texte, car il faut que le sergent prenne le gage, mais il est probable que, sous l'empire de la charte, interprétée par les praticiens, le créancier saisissant lui-même avec permission de l'autorité accomplissait un acte valable en prononçant cette petite phrase au moment où il s'emparait du bien du débiteur. Voici le texte de l'art. 35 :

« L'homme qui mene sergeant ou doyen de justice pour gaiger aulcun, quand il vient au lieu où il doibt exécuter, le sergent ou doyen doibt luy-mesme prendre le gaige et le délivrer au crediteur, car ce n'est assés de dire : *Je le gaige*, il faut qu'il soit prins par ledict sergent : car le crediteur ny doibt point mettre la main avant la délivrance faicte, et s'il ly metans, et plainte en soit faicte, il y aurait amende, à scavoir pour le lieu de fieff 60 sols, pour bourgeoise 10 sols, et serait dit mal exécuté, exploicté comme non scientifique et grosse bette » [2].

III. — Cet article défend au créancier de saisir lui-même : la charte de 1182 lui commandait de se munir du consentement de justice ; ce sont là les deux formes que revêt l'intervention des officiers municipaux. En Picardie, une famille de

---

[1] Cet article se retrouve dans les chartes de *Manhoules, Beaufort* (1188), *Neuville-au-Pont* (1203) etc...

[2] L'art. 35 de la copie publiée par M. Bonvalot est l'art. 38 de celle des *Archives communales* de Beaumont (éditée par l'abbé Defourny), et l'art. 36 de celle des *Archives communales* de Virton.

chartes, dont la plus ancienne paraît être celle de Gamaches
(1230), requiert la permission du bailli ou du vicomte pour
qu'on puisse saisir le cheval du chevalier, quand il est des-
cendu, sinon on ne peut rien prendre de lui : cette disposition
de l'a. 12 de la charte de Gamaches se retrouve dans celles
de Domart (1247 n. s.) et Bernaville (1247) a. 8 et dans celle
de St-Valéry-sur-Somme (1376) a. 9 [1].

Mais la garantie la plus précieuse donnée au débiteur est
de faire intervenir directement à la saisie l'autorité seigneuriale ou municipale : l'autorité accomplit elle-même la prise de
gage, comme dans la *loy* de Beaumont, ou elle se borne à
assister à la prise de gage par le créancier; malgré sa présence, la saisie n'en reste pas moins une saisie privée, car,
qu'on prenne soi-même ou par ministère d'un officier de
justice, l'exécution est toujours faite sans titre et l'absence
de titre suffit pour caractériser la saisie extra-judiciaire [2].

Le représentant de justice varie suivant les localités : à
Beaumont-en-Argonne, nous avons vu la saisie opérée par le
sergent ou le doyen de justice : dans la ville et châtellenie de
Gand, ce sont les échevins, de même qu'à Mézières, Rethel

---

[1] *Gamaches*, a. 12 : « Sy les hommes de fief doibvent à que'que bourgeois, et se soyent babandonnés eulx et leurs biens, ils peuvent venir
en la ville, et ne peuvent estre arrestés, n'est qu'ils descendent de cheval ; et s'ils descendent, le créditeur peult faire prendre le cheval de
l'homme de fief après toutefois la licence prinse du vicomte du seigneur. »
— *Domart*, a. 8 : « Si milites alicui jurato, qui se et sua abendonnave-
rint, possunt venire in villam, nec debent arrestari, nisi descenderint ;
[et si descenderint] creditor potest capere equm Militis, accepta tamen
licencia prepositi vel viccecomitis ». — De Laurière en note sous cet
art. 8 traduit « abandonare » par « faire cession de biens » : le
sens paraît être simplement : « s'engager soi et ses biens. » — Rappr.
Confirm. des privil. de Rouen, par Philippe-Auguste (1207) a. 5 (A.
Giry. *Etabl. de Rouen*, I, p. 33; II p. 57 *Pièce justif.* II).
[2] Esmein, *op. cit.* p. 141 et n. 3 citant la coutume de Bergerac, art. 26.

et Raucourt pour les dettes du comte et de ses officiers [1]. Une charte accordée au prieuré de Niépeglise en Artois (1245) concède au prieur et au bailli droit de prendre gage par deux échevins jusqu'à III sous artésiens [2]. D'autres *Keures* flamandes défendent de saisir autrement que par les *ceurmans* ou *coratores* : « Nullus debet pandare, nisi per coratores », disent les Keures de Bourbourg et de Furnes (1240) a. XXVII ; on peut en rapprocher la *Keure* d'Arques près Saint-Omer (1232 n. s.) : « Dominus etiam abbas vel prepositus pro redditibus suis vel debitis per duos scabinos pandar e poterit ». Le maire et les jurés, qui donnent leur consentement avant la saisie d'après la charte de Beaumont-en-Argonne (1182) a. LII, interviennent eux-mêmes dans plusieurs textes de la Picardie et de l'Ile-de-France : la charte de Meaux (1179) a. 16, étendue à Écueil (1229) et à Fismes (1316) a. 15 reconnaît au maire seul le pouvoir de « prendre un homme » : « Sciendum est quod nullus præter Majorem hominem de communia capere poterit » ; cette disposition fut ajoutée par Philippe-Auguste à la suite de la confirmation des privilèges de Soissons (1181) a. 20, et de là elle passa dans l'art. 19 de la charte de Vailly-sur-Aisne (1185) [3]. A Péronne et Athyes, la charte distingue : dans la banlieue, le créancier peut saisir

---

[1] *Keure de Sleidinghe et Desseldone* (1268) § 51 : Niemene en mach panden, en si bi scepenen, en ware de bailliu, om mesdaet die ghewyst es van scepenen ». — *Mézières* (1233), *Rethel* (1253) et *Raucourt* (1255) : « Ego autem nec alius ex parte mea poterimus aliquem de Burgensibus de Raucourt et Heraucourt (Maceriis, Regiteste) nec res suas nisi per scabinos arrestare. »

[2] *Charte de Marguerite, comtesse de Flandre et de Hainaut* : « Concessimus etiam priori dictæ domus vel ejus baillivo liberam potestatem de capiundo pandagio per duos scabinos usque ad tres solidos Artesienses pro legibus. » (Du Cange v° *Pandagium* ; éd. Henschel, V. 60).

[3] *Soissons* (a. 20). *Vailly-sur-Aisne* (a. 19) : « ...Concedimus, ut nullus infra ambitum villæ Suessionum aliquid possit capere, nisi Major et jurati, quamdiu de eo justitiam facere voluerint. »

de son autorité propre, en dehors il faut l'intervention du justicer du roi [1]. Les chartes de la Basse-Picardie commandent au bourgeois d'avertir le bailli afin qu'il l'accompagne pour prendre gage; et si le bailli refuse, le sergent du maire ou un juré ira avec lui : tel est le contenu de l'a. 17 de la charte de Gamaches (1230), manquant de correspondant dans celle de Saint-Valéry, mais devenu l'a. 11 des chartes de Domart et de Bernaville (1247) [2].

La plus remarquable mise en jeu de l'autorité municipale se présente à Metz dans la curieuse procédure de l'*estault*, longuement décrite par l'*ordonnance des Maiours*. L'*estault* est une saisie privée qui précède tout jugement et s'accomplit, sur requête du créancier, en *plaid banni*, c'est-à-dire par un des quatre maires de Metz assisté d'un échevin : il débute par la demande d'*estault*, puis le maire et l'échevin visitent les biens, qu'ils mettent sous scellés, laissant un gardien chez le débiteur ; enfin arrive le jugement et la vente des biens [3].

[1] *Péronne* (1207). *Athyes* (1212) a. 16 in medio : « Burgensis de suo, infra Banleugam poterit accipere, et extra Banleugam, per Justiciarium nostrum. »

[2] *Gamaches* a. 17 : « Si l'homme de fief ou quelque autre doibt quelque deubt au bourgeoys, le bourgeoys doit advertir le bailly par le mayeur qu'il voise avec luy pour prendre gaige ou namptissement pour son obligation, et s'il advient que le bailly fasse reffus d'y aller par dedens trois jours, le bourgeoys pourra prendre, soit en Vymeu ou en autre lieu hors la ville, pour ses obligations et namptissement et sans amende, le sergent du mayeur. » — *Domart*, a. 11 : « Si milites vel aliquis alius debeat debitum Burgensi, Burgensis debet monere Baillivum per Majorem, quod eat secum ad capiendum nammia pro suo debito vel catallo : quod si Ballivus recusaverit in infra triduum, Juratus ibit, si voluerit et poterit, pro catallis suis et nammiis capiendis, extra villam, sine emenda, per veredictum Majoris. »

[3] Aug. Prost, *Ordonn. des Maiours*, §§ 32-44.

III.

Entravée déjà par ces différentes mesures de protection en faveur du débiteur, et perdant ainsi peu à peu sa liberté primitive, la saisie privée vit encore restreindre son champ d'application dans un dernier sens : la législation du moyen-âge la soumit à des conditions de temps et de lieu, elle la proscrivit à l'égard de certaines personnes.

Les règles étant les mêmes pour la saisie judiciaire, on peut se borner aux indications les plus intéressantes. Ainsi, Philippe-Auguste défend aux juifs par ordonnance de février 1219 (n. s.) a. 7 (*Ordonn.*, I, p. 37) de saisir les effets des débiteurs ou de leurs pléges avant la Purification. La charte de Tournay connaît le droit d'asile chez les chanoines, mais l'asile cesse après une sommation adressée au chanoine de garder la personne et les biens du débiteur et de son fidéjusseur [1]. Le groupe important des chartes du comté de Beaumont-sur-Oise apporte de nombreuses restrictions au principe que ses textes posent d'une façon si nette ; il interdit de prendre dans un lieu sacré, de saisir contre les débiteurs qui viennent à l'*ost* et à la *chevauchée*, contre ceux qui ont sauf-conduit du comte, enfin contre les clercs et les religieux ; « Homines hujus Franchisie in omnibus locis comitatus Belli-Montis *præterquam in*

---

[1] *Tournay* (1200) a. 8 : « Si debitor vel fidejussor ad domum Canonici venerit, nec ipso nec ejus vadium ibi capietur : sed postquam Canonicus fuerit requisitus, nec amplius eum nec res ejus detineat : si postea eum receptaverit, non poterit prohibere quin res ejus capiantur. » — Cet art. manque dans la charte de Senlis.

sacro loco poterunt capere de rebus debitorum suorum manentium in eodem comitatu, *nisi debitores illi forté veniant in exercitum aut equitationem nostram* [1] *vel nisi fuerint in nostra con-
ductu, vel nisi sint clerici aut religiosæ personæ.* » [2] Enfin. les
documents de la même époque prohibent la saisie des objets
nécessaires à la vie du débiteur et de sa famille, les vêtements,
armes ou les instruments de travail, de même que certains
textes ne tolèrent cette saisie qu'à défaut d'autres objets [3].

§ IV. — EFFETS DE LA SAISIE PRIVÉE

La saisie privée étant légalement opérée peut, ou bien
amener une appropriation directe au profit du créancier, ou
bien ne lui donner qu'un droit de gage, pesant indéfiniment
sur le débiteur pour le forcer à l'exécuter ; quel procédé avait
suivi le vieux droit français ? A l'inverse du droit Lombard
et de la *distress* anglaise, la législation ancienne connaît ici
un système unique qui consiste à permettre au créancier la
vente du gage et le paiement sur le prix [4]. C'est le régime
que nous offrent les coutumiers lorsqu'ils visent le cas de
saisie privée contre le plége : et comme ce cas résume, d'une

[1] Cf. *Confirm. des privilèges de Rouen* a. 5 (1207) (A. Giry, *loc. cit.*)
« ... (debitor) arrestari poterit,... nisi tamen ita sit quod per summonicionem nostram illuc (apud Rothomagum) venerit vel in exercitum
eat. »

[2] *Beaumont-sur-Oise*, a. 17 ; *Chambli*, a. 25 ; *Asnières-sur-Oise*, a. 12.

[3] Aux nombreux textes analysés par Tambour (*op. cit.* pp. 125-128)
on joindra : *Domesday de Gippewyz* (Auj. Ipswich) ann. 1200. cap°
xlvij° (Sir Travers Twiss *op. cit.* II, pp. 132-134).

[4] Esmein *op. cit.* pp. 118 et n. 5, 119-121.

façon réduite mais parfaite, les règles admises dans la saisie contre tout débiteur, il faut en déduire un principe identique pour la prise de gage en général. De plus, à côté des coutumiers, existent des chartes assez nombreuses qui prévoient l'hypothèse précise, ou plus souvent édictent la procédure pour la vente de l'objet mis en gage, procédure qu'on doit étendre sans hésitation à notre cas.

Tous les textes, chartes et coutumiers, s'accordent à repousser le système anglais et à adopter l'inverse : le créancier pourra vendre les gages saisis après un certain délai pendant lequel le débiteur pourra les racheter en payant la dette ; même, par une sorte de droit de retrait, il aurait le droit de les reprendre quelque temps après la vente, sans compter la restitution momentanée des objets au débiteur, la *récréance* [1].

I

L'un des documents les plus nets est la *Loy* de Beaumont-en-Argonne : les art. 28 et 29 organisent la procédure complète destinée à ménager les intérêts du débiteur. Quand le sergent ou le doyen de justice a pris les gages, selon les formes de l'art. 35, et les a remis au créancier, celui-ci les garde sept jours et sept nuits [2] ; ce délai laisse au débiteur la facilité pour trouver de quoi rembourser la dette ou trou-

---

[1] Les coutumiers seront étudiés dans la II⁰ Partie, à propos de la saisie contre le plège.

[2] C'est le délai que fixe Beaumanoir (XXX, 51) pour les *hommes de pooste.*

ver une sûreté quelconque ; à la fin de la semaine, on rapporte les gages devant justice pour les *escrier* au plus offrant : puis les *escriées* faites, l'adjudication étant prononcée, on les rend au créancier qui doit les présenter au débiteur devant deux témoins, afin d'éviter la fraude consistant à crier des gages de moindre valeur que ceux réellement saisis : enfin le créancier peut en faire son profit, c'est-à-dire se payer sur le prix ou enlever les effets s'il s'en est rendu acquéreur [1]. Cette adjudication avec *escriées* se déroule devant le tribunal, et la *Loy* de Beaumont se défie tant du créancier qu'elle le punit d'une amende de 10 sous et des frais, s'il rend le gage saisi, sans le consentement de justice; tel est le sens de l'art. 29, au moins celui qui nous semble préférable en l'absence d'un texte bien établi [2]. Au début du xiii° siècle, la charte d'Ivois-Carignan connaît des délais différents selon la qualité du saisi, mais le résultat est toujours une vente, faite sans justice, sous le simple témoignage des bourgeois :

« Art.22. — Item se aulcun prend gaige d'un bourgeois pour quelconques chose que ce soit, il le gardera par quinze jours ; se il prend gaige d'un clercq ou d'ung chevalier il le

---

[1] *Loy de Beaumont*, art. 23 : « Après que l'on aura prins les gages du debteur, on les gardera 7 jours et 7 nuits entiers, et après ce passez seront rapportés par devant justice pour les escrier au plus offrant. Et après les escryes seront mis à la main du créditeur pour les représenter au debteur devant deux bourgeois avant qu'il en puisse faire son prouffict; et si c'est héritaige, il le gardera an et jour avant que le créditeur s'en peult ayder ou faire son prouffict ». (art. 31 des *Arch. comm.* de Beaumont, art. 32 du *Ms.* de Virton). — Cf. textes semblables en Bourgo-ne, cités par Tambour (*op. cit.* pp. 120-121).

[2] *Loy de Beaumont*, art. 29 : « L'home qui aura fait arester gaige par justice en sa maison et il le rend sans le consentement de justice, celui qui les aura faict arester, il se contentera et si payera l'amende de l'arest au seigneur dix s. et tous leulz coutz. » Ce texte est celui du *Ms.* de Beaumont (art. 33) : il porte le n° 29 dans le texte de M. Bouvalot et le n° 31 dans le *Ms.* de Virton. La copie de D. Tabouillot, publiée par Jeantin, fait croire à une vente sans justice par le créancier.

gardera par six sepmaines : se il prend du seigneur, il les gardera par trois mois. » « Art. 23. —— Item se le dit gaige n'est rachepté dedans le jour devant dict devant les jurés, il le présentera aux debteurs pour les rachepter : et sy il n'est rachepté, adoncques il le pouvrat vendre, soubz tesmonaige prouvez, en retenant ce qu'il luy est dheu et rendre le résidu au debteur. »

Les *bans de l'Echevinage* d'Hénin-Liétard (xiii° siècle) art. 120, énoncent pour les gages pris sans échevins un double délai : le premier, de 15 jours, pendant lequel ils restent au créancier, qui les vend au marché qu'il veut, le délai expiré, —— le second, de 7 jours et 7 nuits, qui est le temps laissé au débiteur après la vente pour « retraire » ses biens [1].

D'autres chartes ne consacrent pas d'article distinct au gage saisi et supposent le créancier en possession de ce gage qu'il va vendre, contractuellement ou non. Ainsi la charte de Noyon lui attribue le bien qu'il détient, immeuble, maison ou meuble, après un délai de 15 jours et après plainte à l'échevinage : la règle était sans doute la même au cas de prise par *abandon* [2]. A Chaumont et Ervy, communes mises à la charte de Lorris, celui qui tient le gage même du roi peut

---

[1] *Bans de l'Echevinage d'Hénin-Liétard*, art. 120 : « Des wages con prent sans eskievins combien on les doit warder. — ... Cius ki le wage prendera sans eskievins le doit warder XV jours et apres il les puet vendre en plain markiet quand il vœlt par tel maniere ke cius ce seront les poront ravoir dedens VII jours et VII nuis pour tel argent kil seront vendu et si le doit faire savoir cius ki le vent a ciaus cui ce sont. » — Cf. pour le Dauphiné, même texte ; (Tambour *op. cit.* p. 121).

[2] *Noyon* (1181) : « Si quis terram vel domum in vadimonio posuerit, vel aliquid et determinato tempore non redimerit, ille qui vadimonium habet si voluerit illud assignare sibi et ad se trahere, judices et scabinos illud aducat, et si post XV dies redemptum non fuerit, perpetuo sibi jure possideat et judicibus octo denarios, scabinis quatuor exsolvat. »

le garder autant qu'il veut, mais au bout de 8 jours il peut le vendre [1]. Les chartes de Vervins et leurs filiales exigent du détenteur qu'il fasse au débiteur trois offres devant les échevins : ensuite, s'il n'est pas satisfait, il vendra sans répondre désormais de rien [2]. Enfin, il faut signaler la charte de Poissy [3] et les usages de Mézières [4].

Quelques *Keures* de Flandres contiennent sur les effets de la prise de gage certaines dispositions remarquables : sans défendre d'une façon expresse la vente du gage saisi, elles contiennent un système qui s'oppose à cette vente. Ainsi, la *Keure* de Saffelaere (a. 60) ordonne au bailli d'annoncer à l'église qu'un arrêt a été fait sur tel débiteur, et l'arrêt doit être renouvelé chaque année: ce qui implique que le créancier n'avait pas le droit d'enlever le gage arrêté, ni à plus

---

[1] *Lorris* (1155), *Chaumont* (1160) *et Ervy* (1199) a. 11 : « Et si quis vadium domini regis vel alius habuerit, non tenebit ultra octo dies, nisi sponte. »

[2] *Vervins* (1163-1238) a. 26 : « Si quis vadimonium vicini sui habeat quod redimere non velit, ter ei coram scabinis offerat ; si ille redimere noluerit, illud vendet, nec postea exinde respondebit. »

[3] *Poissy* (1221) a. 11. « Concedimus ut res quascumque juste ac legitime... per vadium acceperint, quosquidem annum et diem sine calumpnia tenuerint nec cuiquam inde justitiam vetuerint, in pace et quiete semper habeant ipsi et heredes sui... vadia sicut vadia.

[4] *Usages de Mézières* (xive et xve siècles) n° V : « La loy de la ville et le privilège de chascun bourjois et habitant de Maisières est telle de toute ancienneté que se ung bourjois ou habitant dudit Maisières baille ou met en gaiges quelzques biens meubles pour debte par luy deue, se le créditeur fait crier au plus offrant et représenter au debteur ses gaiges, ledit debteur puelt attendre à les reprendre pour les deniers sans dommage jusques à huit jours includz, après la réofferte à luy faicte par le sergent ou guette qui les aura vendu, selon la loy et coutume de ladicte ville ; et se dedans lesdis huit jours ledit debteur n'en fait son devoir, jamais n'y poura revenir à ravoir sesdis biens pour lesdis deniers à quoy ils auront esté vendus, ains seront à celuy ou celle qui ainsy les aura achetés pour en disposer comme de sa chose propre et ainsy que bon luy semblera. » (P. Laurent. *Statuts et Privilèges de l'Echevinage de Mézières*, pp. 18-19).

forte raison de la vendre [1]. D'après la *Keure* d'Eecloo et Caprike (§ 5), le *præco* intime au débiteur dans l'église l'ordre de racheter le gage ou de satisfaire le créancier dans les huit jours : passé ce délai, celui-ci ne répond plus de rien : cette disposition semblerait permettre la vente du bien saisi, mais le § 6 interdit le transport des gages hors de la ville, sous peine d'une amende de trois livres, à moins qu'au préalable la justice n'ait attribué la propriété au créancier : une telle prohibition, écartée seulement par l'intervention de la justice, démontre bien la persistance en Flandre, d'une tradition analogue à celle qui régit la *distress* anglaise [2].

En général, les chartes du Nord de la France permettent donc la vente du gage, et le paiement du créancier sur le prix : une charte fournit même un exemple unique de récréance avec pléges, suivant la doctrine commune, au cas de saisie violente faite sur un bourgeois par le châtelain ou les sergents du roi : c'est la charte de Péronne (1207) a. 18, imitée par celles d'Athyes (1212) et d'Hesdin (1215) a. 19 .

En Angleterre, le *Domesday de Gippewyz*, déjà cité, contient à ce sujet des dispositions intéressantes qui s'écartent sensiblement de la théorie anglaise révélée par Blackstone,

---

[1] *Saffelaere* (1264) a. 60 « Si quis bona alicujus arrestaverit, baillivus debet in ecclesia denuntiare illa bona esse arrestata et illa arrestatio durabit per annum, et renovare debet illam arrestationem pro anno alio. »

[2] *Eecloo et Caprike* (1240) § 5 : « Si quis petat debitum.. baillivus debet satisfacere ei de dicto debito infra triduum per denarios vel per pignus die Dominica, debet præco intimare debitori in ecclesia sua, quod vadium suum redimat, vel creditori satisfaciat infra octo dies ; alioquin ipsi super hoc amplius non respondebitur. » § 6 : « Et sciendum, quod nullum vadium debet abduci de dicta villa, nisi prius per legem fuerit appropriatum, qui (cui) pandaverit ; et si quis hoc facere præsumpserit emendabit Domino tres libras. »

[3] *Péronne* n. 18 : « Si castellanus aut servientes nostri res burgensium de communia violenter abstulerint, res illas *per plegium* tenentur recedere... »

et dont le principe paraît être tiré du droit normand [1]. L'*Ancienne coutume* de Normandie formule, en effet, à propos du plége, une règle qui est celle des autres coutumiers et n'est pas celle de la *distress*. (Ch. LX, éd. de Gruchy, p. 145).

II

Mais les effets de la saisie privée, quels qu'ils soient, ne pouvaient se produire qu'au profit de celui qui avait saisi légalement, c'est-à-dire de celui dont la prise de gages, conforme aux conditions énoncées plus haut, n'avait pas été contestée par le débiteur qui, dans la législation ancienne avait droit de faire *rescousse*, et dans une période plus récente pouvait intenter après coup un procès afin d'obtenir judiciairement la restitution de la chose saisie et peut-être une réparation et une amende [2]. Le droit de résister par la force aux prétentions du créancier qu'il croit mal fondé à agir, se rencontre pour le plége dans les coutumiers : un de nos textes flamands, les lois de Baudoin de Flandre (1200), prévoit aussi la dénégation du droit de saisie qu'il appelle *escondit* et suppose même qu'une rixe s'est élevée à ce sujet, c'est la *rescousse*. [3] Le progrès consiste, en matière de saisie tant contre

[1] *Domesday de Gippewys* (auj. Ipswich) cap° lxiiij° « Des gages vendre apres jour de payement passé... » (Sir Travers Twiss, *op. cit.* II, pp. 154-155.)

[2] Esmein, *op. cit.* pp. 122 et suiv.

[3] *Leges Balduini Flandriæ comitis anni* 1200, citées par Du Cange v° *Pannum* (éd. Henschel, V, p. 00). — Cf. Du Cange v°. *Scondimentum* et *Scondire* : aux coutumes qu'il cite, on peut ajouter celle de Reims, ville où l'*escondit* avait disparu dans la rédaction de 1481.

le plége que contre un débiteur quelconque, à arrêter ces luttes entre créancier et débiteur, qui rappelaient trop l'époque primitive du règne de la guerre privée : on y arriva en interdisant au débiteur de résister, en lui défendant de contredire à la saisie, — et aussi en lui permettant, s'il croyait avoir été saisi à tort, de se plaindre à la justice, et de réclamer le gage pris et des dommages-intérêts.

Les chartes connaissent ces deux systèmes : ainsi, d'après celles de Péronne (a. 16 *in fine*), Athyes et Hesdin (a. 17), le débiteur saisi injustement peut se plaindre aux échevins, et le bourgeois, qui a saisi ou fait saisir par justice illégalement est déclaré amendable [1]. La *Loy* de Beaumont-en-Argonne (art. 27) ordonne aux jurés de condamner celui qui a arrêté un bien d'autrui « sans occasion et raison » à tous les dépens et à l'amende de l'arrêt qui est de X sols, d'après l'art. 29 [2].

D'autre part, une série de textes continue la tradition germanique, en punissant celui qui a contredit à la saisie : c'est d'abord les deux chartes de Noyon (1190 et 1195-1223) qui supposent que le contradicteur est amendable, puisqu'elles affranchissent le forain de la peine, quand il veut jurer qu'il

---

[1] *Péronne* (1207) a. 16 *in fine, Athyes* (1212): « Si autem miles vel alius conquestus fuerit, quod burgensis de suo injusto ceperit, vel capi fecerit per nostram vel castellani justiciam, recto judicio scabinorum, Burgensis ille justiciabilis existet... », — *Hesdin* (1215) a. 17: « Et se li chevaliers ou autres est complaignans ke li bourjois a prins du sien ou fait prendre sans raison, li bourjois le doit amender par no justiche selonc le droit jugement deskievin. »

[2] *Loy de Beaumont*, art. 27: « L'homme qui fera arrester aultre homme pour quelque chose que ce fust, tant en bien, charre et charrette, bestes ou aultrement, et il soit trouvé que sans cause il soit arresté, icelluy par qui l'arrest sera faict en son nom sera à tous dépens et à l'amende de l'arrest qui se jugera par les jurés ad ce ordonnés. » (art. 32 des *Arch. comm.* de Beaumont ; art. 30 des *Arch. comm.* de Virton).

Rappr: Cout. de *Bergerac*, art. 19. (Bourdot de Rich. IV, p. 1067.)

ignorait la coutume de la ville [1]. Ces chartes ne nous donnent
pas le taux de l'amende encourue par le débiteur résistant à
la saisie: les *Keuren* flamandes connaissent un taux unique
de trois livres. La *Keure* de Sleidinghe et Desseldone dans la
châtellenie de Gand (1268) possède un § 38 de son texte
flamand ainsi conçu : « Die den pandere wederseicht, ofte
mesdoet, pand outseghet voor scepenen, es in de mesdaet
van 3 pont. » (Qui s'oppose à la saisie, sans méfait, le gage
présenté aux quatre échevins, est à l'amende de trois livres).
Celles de Furnes (1240), étendue à Bourbourg (1240) et celle
d'Arques près Saint-Omer (1232 n. s.) s'expriment de la
même façon: « Qui pandatori contradicerit, emendabit comiti
tres libras... » : (Furnes, art. XXVII) : « qui pandum contradi
xerit III libras domino emendabit » ,dit la *Keure* d'Arques, qui
continue en punissant de la même amende le débiteur qui
enlève de chez le créancier son gage saisi : « et si pandum
abstulerit eterum III libras emendabit. » Cette punition de la
contradiction à saisie et de l'enlèvement de l'objet saisi est
un legs des coutumes germaniques [2].

§ V. RESTRICTIONS APPORTÉES A LA SAISIE PRIVÉE

Les sources du droit français, au moyen-âge, ne pourraient

---

[1] *Noyon* (1190) a. 6 : « Si aliquis in villam venerit et homo de communia pro debito vadium suum per abandum ceperit, *si ille contradixe-
rit, nichil emendabit, si jurare voluerit se illam consuetudinem nescire*, et,
postmodum coram episcopo justiciam faciat. » Les *usages* signalés par
Philippe-Auguste (entre 1195 et 1223) contiennent le même texte sauf
ceci : «... *nichil emendabit, si juramento probare poterit* ... »

[2] Cf. textes cités par H. Brunner (op. cit. II, p. 449, n. 28).

pas, nous l'avons vu, se ranger, au regard de l'étude de la saisie privée, en deux groupes irréductibles et opposés, — l'un qui admettrait dans tous les cas la procédure d'initiative personnelle, — l'autre qui l'exclurait d'une manière absolue. Au contraire, une partie des chartes et tous les coutumiers ne connaissent cette voie d'exécution que d'une façon accidentelle et comme par exception, poursuivant en cela l'œuvre entreprise par le droit germanique. Les textes, en général, lui font subir des restrictions et des réserves dans deux sens : 1° en exigeant, avant d'autoriser le créancier à agir, que la justice intervienne en une certaine mesure, sans aller pourtant jusqu'à prononcer un jugement, ce qui supprimerait le caractère essentiel de l'institution ; 2° en énumérant, en limitant les cas où elle sera permise, cas assez nombreux d'ailleurs, auxquels a continué de s'attacher, par la suite, une idée de privilège, et dont l'étude minutieuse, éclairant puissamment les origines de la théorie des saisies privilégiées, aujourd'hui encore subsistantes, formera l'objet de notre seconde partie.

I.

Pour assurer la paix entre les bourgeois des « bonnes villes », les rédacteurs des chartes de communes et de villes auraient pu songer, comme l'ont fait quelques législateurs, à exiger du créancier un titre exécutoire, jugement ou acte authentique. Cette réforme, tranchant si profondément avec la coutume reçue, était au-dessus de leurs forces ; ce qu'ils ont imaginé en vue d'enrayer les effets d'une procédure dangereuse, c'est de suspendre pendant un temps la libre activité du créancier, de soumettre à un délai l'exercice spontané de son droit exorbitant. La suspension apportée à la saisie privée a toujours pour but de forcer le créancier à se présenter en justice, soit pour réclamer sa créance, soit pour faire vérifier son titre : l'entrave mise à sa liberté se présente de la même façon que lorsqu'on exige de lui, avant de permettre la saisie, une reconnaissance de la dette par le débiteur. Ainsi s'introduisait lentement, dans l'exécution indépendante, une ébauche d'éléments contentieux, l'intervention de justice préalable à la saisie, l'assistance de l'autorité municipale ou seigneuriale pendant la saisie, dont le développement aboutirait à la disparition complète de l'antique *pigneratio*.

Un délai était nécessaire, quand le tribunal de la commune voulait que le créancier s'adressât à lui avant de poursuivre. La plainte aux maire et jurés est requise par la charte de Péronne (1207) a. 16 en ces termes :

« Si Miles vel alius Burgensi communie debito teneatur, verum sibi die statuto creantum suum non fecerit, Majori et Juratis hoc ostendere debet, si voluerit. Quod si Majori et Juratis, veritate intellecta, constituit, Major debet super hoc Militem convenire, ut Burgensi debitum reddat, aut Communienem ville creditionem et vicinagium interdicere : ex tunc autem, Burgensis de suo, infra Banleugam poterit accipere, et extra Banleugam, per Justiciarium nostrum. »

Ce texte, qui figure dans les chartes de Tournay (1187) a. 16 et d'Athyes (1212) est ainsi traduit en roman par celle d'Hesdin (1215) a. 17 :

« Se chevaliers ou autres est obliges de dete a home ou a bourjois de le commugne et il na mie eu se dite au jour estauli. sil veut il le monstrera au maïeur et as souffisamment verite, li maires doit le chevalier amonester qu'il pait au bour-

gois se dete et se chose ne veut faire, il doit deffendre ke nus
ne li fache creanche, ne compaignie le tiengne ; et de chou
se li chevaliers a nule cose dedens le banliue, li bourgois li
puet prendre et dehors le banliue le doit faire prendre par no
ballu. »

Le bourgeois reprend son droit de saisie privée si le chevalier refuse de payer, comme nous verrons qu'il le
reprend quand on lui dénie justice, la commune, de son
côté, se venge de l'injure faite à son commandement de satisfaire le créancier, en interdisant à ses jurés de donner crédit
et secours au débiteur récalcitrant. Les deux sanctions se
retrouvent dans la charte de Landrecies (vers 1191) qui
reproduit dans ses grandes lignes l'art. 16 de la charte de
Tournay [1], mais ajoute une peine intéressante contre celui
qui violerait la prohibition de crédit et secours : « Si quis
burgensis hoc non servaverit, debitum militis burgensi
persolvet [2] . »

A Saffela ere, en Flandre l'art. 64 de la charte de 1264 exige
que celui qui va saisir réclame sa dette devant deux prud'-
hommes : « Quicumque vult debitum habere, debet illud exi-
gere coram duobus probis viris antequam debitor pan-
diatur. »

[1] *Landrecies* : « Si quis militum alicui burgensi aliquod debitum
debuerit, et illud negaverit, lege corum se defendere poterit, nisi burgenses idoneos testes habuerit : si vero debitum cognoverit et persolvere
voluerit, ubicumque suum proprium infra terminos pacis inventum fuerit
sive in presentia sua, sine absque presentia nisi propria manu tenue-
rit, pro debito ejus accipi poterit : et si hoc modo omnino debitum
burgensis non habuerit, hospicium et venalia ejusdem villæ coram
testibus ei prohiberentur et si quis burgensis hoc non servaverit, debitum militis burgensi persolvet. »

[2] Ceci se rencontre également dans les chartes d'Arras (1194 a. 10-
1211 a. XV), et de Vervins (1163. 1238 a. 23), et dans les *Etablissements
de Rouen*, art. 21 (A. Giry, *op. cit.* II, pp. 28-29)

Le système est un peu différent à Nieuport, Gand et Etampes : les documents qui relatent les coutumes usitées là rendent nécessaire pour le créancier une demande en vérification devant l'autorité. Un concordat passé entre les habitants de Lombarside et de Nieuport (1269) § 3 mentionne, en en effet, que l'homme de « Noefport » ne peut arrêter celui de « Lombardie », et réciproquement, que pour dette « ke eschevin conaisteront », et ce texte semble inspiré de la loi en vigueur à Gand : « Debitum, quod duo scabini cognoscunt, pannabitur [1]. » Enfin la charte d'Etampes, n'admettant en principe que la saisie pour dette reconnue par le débiteur, défend de saisir les biens de celui qui nie avant qu'elle ne soit vérifiée et évaluée [2].

Un esprit semblable guide un groupe de chartes qui veulent, pour la paix de la commune, que l'autorité saisisse au lieu du particulier ou bien l'aide, ou reçoive sa plainte, mais lui rendent pleine liberté au cas de déni de justice ; quand le maire et les jurés refusent d'aider le demandeur ou de vérifier son titre, c'est comme si la justice n'existait pas, la solidarité communale est dissoute et, de même qu'on peut recouvrer par tout moyen sa créance sur un non juré, de même la saisie privée contre le juré reprend son cours, suspendu par la demande en justice.

« Nul ne peut saisir, sinon le maire et les jurés », dit la charte de Soissons, « quamdiu de eo justitiam facere voluerint. » (a. 20. reproduit dans la charte de Vailly-sur-Aisne, a. 19.) Les chartes d'Arras s'expriment de même, l'une en roman, l'autre en latin :

[1] *Concordat entre Lombardside et Nieuport* d° Warnkœnig (*Flandr. Gesch.* II, 2° partie *Pièce Justif.* CLXXII, pp. 91-93). — *Lex placito et debito pecuniæ* (1228) (d° II, 1ʳᵉ partie, *Pièce Justif.* XV, p. 35).

[2] *Etampes* (1179) a. 23 : « Nullius negantis debitum res capientur, donec ratiocinatum fuerit ubi deberit. »

Charte de Philippe-Auguste (1194) art. 16 : « Se chevaliers doit debte a bourgeois et il sen est sousmis a le loy deschevins pardevant aus se nostre justice ne len ayue quant il len ara requis, li bourgois prendera le wage del chevalier a abandon dedans le pais de le chite sans fourfait et qui le herbergera apres le deffense qui faite len ert (est), il paiera les deniers. — Chartes de 1211 et 1268, art. XV : « Si miles burgensi pecunias debens, se inde subdiderit legi scabinorum coram eis, cumque non juverit justitia nostra ab eo requisita, burgensis vadium militis et abandon capiet infra pacem civitatis sine forisfacto. Et qui post prohibitionem inde factam cum hospitatus fuerit, pecuniam solvet. »

En Basse-Picardie, le créancier doit se faire accompagner du bailli, mais si ce dernier refuse d'y aller dans les trois jours, le bourgeois ira tout seul, s'il veut et peut, afin de prendre les gages, sans forfait, à condition cependant d'avoir la permission du maire [1]. A Provins, où le prévôt et le sergent sont chargés des prises de gages à l'exclusion des habitants, il leur faut d'abord demander l'autorisation au maire, mais s'il la refuse, ils saisiront ou feront saisir de leur autorité [2]

II

A côté de la restriction qui consiste à suspendre pendant un certain délai l'exercice de la saisie privée, les réserves

[1] *Domart et Bernaville* (1247) a. 11 cité déjà p. 117, n. 2. La fin de l'art. 17 de la charte de Gamaches semble avoir été mal interprétée par ses traducteurs du XVIᵉ siècle. (Cf. *suprà, loc. cit.*).

[2] *Provins* (1252) : « Et est à savoir que li prevosz ne li serjeant ne

apportées à l'exécution par le créancier dérivent, dans un second ordre d'idées différent, d'un même besoin d'ordre et de paix, exprimé ici, non pas tant par les textes de chartes, mais surtout par les coutumiers dont les doctrines, qu'elles soient l'œuvre personnelle du juriste ou la reproduction des coutumes contemporaines, reflètent si fidèlement la lutte contre les procédures d'initiative propre. Les cas où la saisie privée subsiste encore, d'une façon exceptionnelle, se présentent tous comme des cas strictement limités dont la survivance s'explique à raison de la faveur dont jouit le créancier et plus souvent de la défaveur attachée à la personne du débiteur, ou en conséquence de la nature de la créance qui unit les parties. Mais qu'il s'agisse d'un cas permis pour l'un ou l'autre de ces motifs, partout la procédure extrajudiciaire apparaît avec le caractère essentiel de *privilège*, dont l'existence vérifie et corrobore l'idée souvent émise que, si la période féodale a continué la tradition germanique de la *pigneratio*, elle est arrivée assez vite à la restreindre et à la resserrer, avant qu'on ne la déloge même des hypothèses exceptionnelles où elle était cantonnée.

On pourrait donc scinder en deux phases distinctes l'histoire de cette institution, au moyen-âge : une phase ancienne, héritière directe du droit germanique, où la saisie privée aurait été le mode normal d'exécution pour toutes les créances et sans réserves, — une phase seconde, de transition, qui prit naissance spontanément, par nécessité de réagir contre les abus qu'avait entraînés la décomposition sociale des xᵉ et xıᵉ siècles, où elle apparaît, malgré son importance encore assez grande, comme une voie d'exception utilisée

puent gagier nus de caux de la commune, tant que il l'ait monstré le maieur, ou à son commandement, *et se li maieurs ou ses commandemanz l'en defailloit, il pourroit gagier ou fere gagier.* »

séulement pour des causes déterminées, édictées par la coutume. En étudiant ces cas spéciaux où on la trouve maintenue, nous pénétrons dans cette seconde phase préparée déjà par les progrès des mœurs et l'évolution fatale des idées.

I. — La survivance de la saisie privée, révélée dans les chartes et les coutumiers, peut s'expliquer d'abord par l'intérêt qui s'attache à la personne du créancier, non pas en raison du contrat qu'il a passé, mais parce qu'il est privilégié dans sa personne même, quelque soit le lien contractuel qui l'unisse au débiteur : la loi qui défendait la saisie privée à tous les créanciers la laisse subsister à son profit, lui donnant une situation très favorable. C'est ainsi qu'un passage intéressant du *Conseil* de Pierre de Fontaines (avant 1253), livre composé en Vermandois, en fait un privilège des nobles, la traitant comme la guerre privée :

« De l'abandon te di-gie que li uns frans hom puet prendre de l'autre et tenir jusque justise s'en melle : et vileins en doit fere prendre par justise et borgois aussi, s'il n'en est garni par chartre roial qu'il prendre en puisse. Et ceste forme oste molt de tricheresses demandes et s'accorde à tote loiauté. » [1].

Mais ce privilège semble avoir été écarté plus tard, car un arrêt de 1389, rapporté par Jean le Coq, repousse la prétention d'un seigneur de Parthenay qui réclamait ce droit en dehors de sa justice : « Non fuit per arrestum recepta consuetudo in causa domini de Parthenay, imo dicta non receptabilis, consuetudo qua quis habens jurisdictionem possit de facto rationi sui debiti vel redditus gagiare super bonis debitoris ubi nullam habet jurisdictionem. » [2].

[1] *Conseil* XV, 29 éd. Marnier, p. 129.
[2] Johannis Galli *Quœstio* 223, citée par M. Esmein, *op. cit.* p. 110, n. 4.

Un cas remarquable de saisie privée concédée en raison
de la personne du créancier est celui qu'accordent les chartes
de Soissons (art. 1) et de Compiègne (art. 2) aux pêcheurs
étrangers contre l'évêque ou l'abbé : si, au bout de 15 jours,
ils n'étaient pas payés, ils auront le droit de prendre les
biens de la commune, où ils voudront, jusqu'à complète
satisfaction [1].

Le comte Guy de Flandre donnant une *Keure* à la ville de
Renaix (1280) faisait aussi, en sa faveur, fléchir la règle qu'il
édictait : il lui suffit pour « panner » d'un témoignagne suffi-
sant sans intervention de justice, tandis que les autres dettes
doivent être jugées, avant d'être exécutées par le sergent du
seigneur. C'est bien là un privilège fondé sur la qualité du
créancier [2].

II. — On comprend mieux que les cas de saisie permis
contre un débiteur par suite de sa qualité de débiteur, en
dehors de la faveur attachée à la créance, aient été plus nombreux et plus durables dans l'ancien droit. Ce débiteur mal
vu par la loi était ou bien le bourgeois en fuite, ou plus généralement le forain, c'est-à-dire celui qui n'était pas bourgeois
de la commune ou de la ville, ou même qui n'y était pas domi-
cilié. Pour ces deux débiteurs, la saisie privée reprend ses
droits, parce que la protection cesse pour eux : celui qui s'en-

---

[1] *Soissons* (1180) art. 1 et *Compiègne* (1154) art. 2 : « Piscatores autem
forenses nonnisi per XV dies abbati (vel episcopo) creditionem facient, et
si post XV dies non reddiderint, tantum de rebus communiæ ubicumque
potuerint, capient, quod, quidquid Episcopo (vel abbati) crediderint
habeant. »

[2] *Renaix* (1280) art. 17 : « De le propre dette, le seigneur, ke ou li
doit, ke on ne li donne mie ne k'il acate, mais ki muet de sen propre
catel' puet il panner sans loy, mais ke il en ayt tesmognage souflscant.
Et toutes autres dettes doit-on faire avoir parmi loy. Et quant li loys
sera jugée, li sergeans li sigueur i doit aler por panner. »

fuit ne mérite plus d'être sauvegardé par la paix de la commune, et, quant à l'étranger, il y a toujours crainte de le voir prendre la fuite au cours du procès, et à une époque où la justice n'était pas une école d'impartialité, danger du déni de justice, perte certaine du procès si l'on allait plaider chez lui ; la coutume a trouvé plus sûr de donner à ses bourgeois vis-à-vis d'un non-bourgeois la procédure expéditive et personnelle de la saisie privée.

La saisie contre le forain est le premier cas de saisie privilégiée qu'il faudra étudier en détail : elle s'est maintenue jusque dans nos codes modernes, grâce aux coutumes du xvi° siècle qui la pratiquaient sous le nom de *saisie-foraine*, ou de *saisie-arrêt des débiteurs forains*. D'autre part, la saisie-foraine, venue en droite ligne de la *pigneratio* ancienne, conservant le caractère dominant de cette institution, l'absence de titre pour saisir, comportait des réserves intéressantes dues à la protection du commerce ou insérées dans des traités entre les villes commerçantes, dont le développement est utile à suivre.

Faut-il, maintenant, envisager comme établissant un privilège fondé sur l'idée de défaveur, un groupe important de chartes qui visent toutes l'arrêt du *miles*, semblant ainsi réserver contre lui les rigueurs et la brutalité d'une voie d'exécution anormale? Bien des textes, que nous avons déjà rencontrés au cours de cette première partie, débutent en prévoyant spécialement le cas de dette contractée par le chevalier : ce sont les chartes de Tournay (1187) art. 16, Péronne (1207) et Athyes (1212) art. 16, Hesdin (1215) art. 17, Landrecies (vers 1191), Domart et Bernaville (1247) art. 11, Saint-Omer (1168) § 40, Arras (1194 art. 16 ; 1211, art. XV), Vervins (1163, 1238, art. 23.) On pourrait penser que le recouvrement de la créance étant plus difficile contre un chevalier, par une idée analogue à celle qui est la base de la saisie-foraine, les communes aient cherché à protéger leurs habitants d'une manière efficace, en leur mettant entre les mains une arme puissante, en leur rendant liberté complète contre ce débiteur d'une qualité spéciale, après une demande restée vaine. Tel n'est pas, croyons-nous, le sens qu'il faut attribuer à ces textes : outre la généralité des termes qu'emploient plusieurs des chartes citées « *si miles vel alius...* », peut-être serait-il, au contraire, préférable de dire qu'elles avaient été inspirées par l'idée opposée de protection du débiteur : en suspendant l'exercice de l'arrêt jusqu'après sa comparution en justice et son refus de payer, puis en laissant ensuite le créancier agir à son gré, elles avaient plutôt en vue d'introduire, d'abord au profit du *miles*, plus tard au profit de tout débiteur, une sorte de saisie judiciaire plus avantageuse pour la paix de la cité et meilleure gardienne de l'ordre dans la ville [1]. Il est, malgré tout, intéressant de remarquer que c'est de cette série de documents que sont tirés les textes qui imaginent la sanction curieuse au refus de satisfaction ou au recouvrement incomplet de la créance, l'interdiction absolue de faire crédit au chevalier, de l'héberger, de lui prêter secours ou de lui vendre quoi que ce soit : ainsi la commune punissait, « grâce à une grève originale » comme on l'a dit, le débiteur récalcitrant qu'elle avait eu l'intention de sauvegarder tout d'abord [2].

III. — Avec la saisie foraine, nous rencontrons le premier cas de saisie privée devenue saisie privilégiée, à raison de la condition particulière du débiteur : les cas les plus nombreux où la saisie privée s'est maintenue dans les chartes et surtout

---

[1] On trouve un indice de la faveur attachée à la personne du *miles* débiteur dans l'art. 38 (*in fine*) de la charte de Vervins : si le créancier ne prouve pas sa créance par témoignage de jurés ou d'échevins, le serment du *miles* ou de son *minister* suffit pour le libérer.

[2] Cf. *supra* pp. 129-130.

dans les coutumiers sont fondés sur une autre idée de privilège, la nature même de la créance qui forme le lien de droit entre les parties. Quelque soit le titulaire de la créance, quelqu'en soit l'obligé, certaines créances apparaissent, par un motif d'équité et naturel, comme si favorables qu'on donne au créancier non seulement un privilège qui lui permet de primer ses co-créanciers dans la contribution ou l'ordre, — mais encore un moyen plus efficace destiné à lui faciliter le recouvrement de sa créance, la saisie d'autorité propre, sans titre exécutoire, accomplie par lui seul ou par un officier de justice.

De ces créances privilégiées, assez nombreuses dans le très ancien droit, l'une apparaît en première ligne, comme le type et l'exemple, c'est celle qui naît du cautionnement. L'expression « nantir, gager le plége » se trouve dans quelques chartes, et les grands coutumiers du xiii⁰ siècle consacrent à la procédure suivie contre le plége de longs développements. Le contrat garanti par une caution ne modifie plus, depuis longtemps déjà, la nature de la créance : cela tient à ce que le droit moderne, à l'imitation du droit de Justinien, n'envisage la caution que comme un débiteur accessoire, investi du bénéfice de discussion. Le droit germanique, au contraire, d'où procède notre ancien droit étouffé plus tard sous l'influence de la renaissance romaine, faisait produire au contrat accompagné de cautionnement des effets particuliers : il plaçait la caution sur le même rang que le débiteur principal, ignorant comme toutes les législations primitives le bénéfice d'ordre, et donnait partant contre elle au créancier la *pigneratio* [1]. Cette position avancée de la caution s'expliquerait par l'idée que, le contrat primitif étant inca-

---

Esmein, *op. cit.* pp. 112 et suiv.

pable de produire par lui-même l'obligation, il faudrait qu'un tiers intervienne en se portant caution afin d'obliger les parties [1] : les actes de l'Egypte, le droit des Perses, la coutume des Ossètes du Caucase, le registre hongrois de Varad [2] connaissent un état de droit semblable au très ancien droit romain exposé par Gaius (*Instit.* 3, 127), et qui devait se retrouver aussi vivace aux origines du nôtre. Dans quelques localités, on est même allé plus loin : la saisie privée reprenant une nouvelle force au début de la féodalité paraît avoir assez vite été déclarée applicable au seul plége et non pas au débiteur principal : c'est la tradition de l'époque franque qui se continue, comme l'a relevé M. Viollet [3]. Mais, différente en cela des autres cas où a survécu la saisie privée, la gagerie du plége a disparu sans laisser de traces par suite de l'introduction du bénéfice de discussion sous l'influence romaine, par suite surtout de la création des titres exécutoires qui la rendait désormais inutile.

La transformation de ces cas restreints se produisit, à l'inverse, pendant la période coutumière : tous conservèrent, dans les coutumes rédigées au XVI⁰ siècle, un caractère de privilège qui tenait à leur origine, et dont la naissance est curieuse à rechercher. Le titre VIII de la Coutume de Paris. qui contient l'ensemble presque intégral des saisies-privilégiées issues d'anciennes saisies privées, se retrouve quand on énumère les hypothèses où celles-ci restaient appliquées par les coutumiers : c'est d'abord la *saisie-gagerie* du locateur, dont l'évolution est facile à suivre, grâce aux textes

---

[1] Dareste, *Etudes d'histoire du droit*, pp. 13, 113, 407.

[2] Dareste, *ibid*, pp. 13, 113, 141, 263.

[3] Au livre de *Jostice et Plet*, et au *Coutumier de Touraine-Anjou* que cite M. Viollet (*Establiss.* I. p. 187), on peut joindre les chartes du comté de *Clermont-en-Beauvoisis* et les *Coutumes de Beauvoisis* de Beaumanoir que rapporte le même auteur au tome I, pp. 329-330.

nombreux qui la réglementent, — puis la saisie du vendeur et celle de l'hôtelier, — enfin la *saisie-foraine* dérivée en ligne directe de la *pigneratio* générale autorisée par Louis VI le Gros. Toutes ces saisies ont perdu peu à peu, souvent fort tard, leur rigueur primitive : elles s'exécutent maintenant par le ministère d'un sergent, mais elles conservent, comme le cas archaïque de la « *prise des bêtes en dommage ès héritages d'autrui* » non contenu au titre VIII, le caractère essentiel de la saisie privée, l'absence de titre exécutoire.

DEUXIÈME PARTIE

CAS PARTICULIERS DE SAISIE PRIVÉE.

§ I. — SAISIE FORAINE.

La saisie privée est donnée, sous le nom d'arrêt ou de saisie-foraine, contre l'étranger débiteur, soit par les chartes qui la permettent contre tout débiteur, soit plus spécialement par celles qui, l'interdisant à l'égard du bourgeois, en font pour le forain la conséquence d'une condition de défaveur. Sans revenir sur les textes qui ne prévoient aucune distinction entre les habitants et les étrangers, on peut citer de nombreuses chartes visant en termes formels notre cas.

I.

A Rouen, la confirmation de la commune accordée par Philippe-Auguste (1207, art. 5) contient un règlement relatif aux créances de prêts contractés dans la ville par des étrangers : dès que le débiteur est rencontré à Rouen, le maire, sans doute sur une plainte du créancier, fait saisir les meubles dont il est nanti et son harnachement jusqu'à ce qu'il confesse ou nie la dette : on ne fait exception qu'au cas où un ordre du roi ou bien une convocation à l'host l'aurait appelé dans la ville[1].

La charte d'Amiens (1190, art. 5), et ses filiales (Abbeville 1185, n. s., art. 6, Marquenterre et Ponthieu), supposant qu'un étranger, « qui de communione minime existens », « non juratus », enlève à un bourgeois ses biens, autorisent le prévôt et même le juré à s'emparer de sa personne et de ses biens, s'il refuse de donner réparation au créancier, et de le retenir jusqu'à complète satisfaction[2]. Au contraire, lorsqu'il s'agit d'un homme de la commune, il faut une semonce du prévôt ou du maire et des échevins, et l'exécution ne peut avoir lieu qu'après jugement[3].

Le même droit de rétention, qui est, à proprement parler, l'arrêt, c'est-à-dire l'entrave mise à la fuite du débiteur, et suppose une saisie préalable du corps et des biens, se re-

[1] *Rouen* (1207) art. 5 : « Super debitis mutuatis apud Rothomagum, si debitorem infra Rothomagum invenerint, ex quo de equo descenderit, catallum vel harnesium suum per majorem, propter debitum, arrestari poterit, quousque illud cognoverit vel negaverit ; nisi tamen ita sit quod per summonicionem nostram illuc venerit vel in exercitum eat ». — Cf. A. Giry, *op. cit.* I, p. 33.

[2] *Amiens* (1190) art. 5 : « Qui autem de communione minime existens alicui de communia res suas abstulerit, justiciamque illi infra banni-leucam se executurum negaverit, postquam hoc hominibus castelli ubi manserit notum fecerit communia, se ipsum vel aliquid ad se pertinens comprehendere poterit, donec ipse justiciam executus fuerit, prepositus noster retinebit, donec nos nostram et communia similiter suam habeat emendationem ». — M. Bouthors (*Cout. loc. du baill. d'Amiens*, I, p. 103) suppose qu'il s'agit d'un forain qui a enlevé de la marchandise à un bourgeois sans payer ou sans donner bonne caution.

[3] Cf. *Amiens* (1190) art. 4.

trouve dans d'autres villes du Nord de la France et de Belgique : l'art. 35 de la charte de Saint-Quentin (1195) imité à Roye (vers 1183), art. 32 et Crespy-en-Valois (1215) art. 26 conseille au bourgeois de retenir l'étranger jusqu'à l'arrivée du justicier [1] : à Boulogne (1278) et Calais (1252), l'arrêt existe également [2]. Les chartes de Tournay ne contenaient aucune disposition à cet égard, une ordonnance de Charles V (1371, n. s). confirmant une ordonnance de 1340 introduit un texte qui constate pour les « bourgeois ou fils ou filles de bourgois » l'arrêt des forains [3] ; enfin, les usages de Mézières aux xiv° et xv° siècles permettent au créancier d'arrêter le forain et de le mettre en garde aux mains de ses concitoyens pendant qu'il ira chercher la justice [4].

En Angleterre, le *Domesday de Gippewyz* (1200) fait une opposition très nette entre les bourgeois et les forains ; la saisie défendue contre les premiers est autorisée contre les seconds sous la forme commune de l'arrêt :

[1] *Saint-Quentin* (art. 35) et *Roye* (art. 32) : « Si homo extraneus qui burgensi catallum debeat, in villam venerit, bugensis sine forisfacto eum detinebit, donec justiciarius noster adveniat et eum detineat ». — *Crespy-en-Valois* (art. 25) : « ... burgensis... detinebit et Majori reddet, et Major eum judicio scabinorum tractabit ».

[2] *Boulogne* : « Et si volous et otroions que se aucuns de le communité devant ditte trueve dedens le ville et le banliuwe devant nommee estrange home qui ses detteres seit, que il le puist par lui et par ses ayuwes retenir dusques à chou que il le face arrester par la justice ». — *Calais.* « Che saucuns ki est del eskevinage de Calais puet arrester estraiogué por sa dete et tenir dessi adonques ke li baillius viengne u ame de sa part sans fourfait... »

[3] *Ordonn.* V. p. 378. — *Adde : Ordonn.* XI, p. 380.

[4] *Usages de Mézières* n° IV : « Ung bourgois ou habitant dudit Maisières puelt mettre la main et arrester de luy meisme sans méffaire, pour son fait, ung debteur forain arrestable audit lieu, sil luy doit, et le mettre en garde ès mains de ung ou de deux bourgois ou habitans dudit Maisières, jusques à ce qu'il ait ung sergent ou soit mis ès mains de justice pour en avoir sa rayson (P. Laurent, *op cit.* p. 18.)

« Cap⁰ xlij⁰ *De destresce fere burgeys sour autre*.
Nul burgeys de la vyle ne destreygne autre burgeys de
meyme la vyle... — Cap⁰ xliij⁰ *Coment burgeys poet des-*
treyndre foreyn. Si un foreyn deyve dette a un burgeys de la
vyle, e le jour du payement seyt passe, e cely foreyn veygne
passaunt par my la dite vyle e ne veoillie gre fere al de-
maundaunt de sa dette, eyt cely burgeys a qi la dette est due
peor de arrester les chateux soun dettour passaunt par my la
vyle, cila qil eyt baillifes de la vyle aqi il porrat sa pleynte
attacher de sure [1]. »

La prise en abandon du gage de l'étranger est reconnue
implicitement par les deux chartes de Noyon, qui ne prévoient même pas le cas du bourgeois débiteur [2].

Dans certaines localités du Nord, c'est toute une procédure
qui est organisée avec paroles sacramentelles : le créancier
arrête son débiteur forain et commande à son concitoyen qu'il
rencontre d'aller chercher la justice, en lui donnant le choix
d'y aller lui-même ou de tenir le débiteur tandis qu'il ira :
celui qui refuse son concours est passible d'une amende de
LX sous, comme nous avons vu, à Ivois-Carignan d'après la
charte (art. 21), punir le bourgeois requis d'une amende de
V sous, et de plus, si le débiteur échappe, il répond de toute
la dette, à condition toutefois que l'acte en recours soit
intentée contre lui dans VII jours et VII nuits. Telle est la teneur
de la charte de Thun-Saint-Martin (art. 30) [3], dont on peut

---

[1] Sir Travers Twiss, *op. cit.*, II p. 128.

[2] *Noyon* (1190) art. 6. « Si aliquis in villam venerit et homo de communia pro debito vadium suum per abandum ceperit... » — Charte de
1195-1223 : « Si homo extraneus in villam venerit et aliquis de communia, etc. . »

[3] *Thun-Saint-Martin* (xiii⁰ siècle) : « Se ung forain doibt à un subget
et manant dudit lieu de Thun, quelque chose que ce soit, ledit manant

rapprocher les usages de Mézières, ci-dessus cités, et les chartes de Montigny-sur-Sambre (1253) et de Courtrai (1324 art. 15) : la première qui commande au bourgeois de tenir le forain débiteur d'un de ses concitoyens, lui ordonne de *crier*, s'il lui échappe, et il est tenu de payer la dette s'il ne crie pas [1] ; la *Keure* de Courtrai punit d'une amende de X livres celui qui résiste à ses ordres [2]. Enfin, la même assistance prêtée au bourgeois contre l'étranger, est encore attestée par la charte de Soignies (1142) [3]. Tous ces textes s'accordent donc à permettre contre le forain une procédure de rétention, favorisant ainsi le bourgeois : les très anciennes coutumes reconnaissaient vraisemblablement le même droit d'arrêt, mais nous ne possédons d'article formel que pour la ville de Reims, où le *Liber Practicus* de la fin du xiiiᵉ siècle

pœult prendre et saisir son debteur par où il pœult, et ce fait pœult et doibt dire s'il vœult à ung aultre manant qui là sera, se oyr le pœult : *allez me quérir justice, cel homme cy me doit, si veulz estre de lui payez, ou se vous ne le me voulez allez quérir, tenez me cil homme cy mon debteur, e je leyrai quérir ;* se cieux refuse de aller quérir ledite justice ou de tenir ledit debteur jusques à tant que le demandeur et crediteur le ara allé quérir, il enquiet, pour son refus, eu l'amende de LX sols cambresis, avec de faire bon au crediteur ce qu'il entendoit demander à son debteur en tant toutefois que ledit debteur (sic) le poursuiroit dedens VII jours et VII nuits, ledit cas advenu, et aussi que, par son reffus, ledit debteur escaperoit du créditeur »

[1] *Montigny-sur-Sambre :* « Se bourioisde Montegni vuet homme afforain arrester en Montegni por dette, recommander le doit a I autre bouriois tant k'il ait amenée le iustice, et c'il tenir le doit ; se tenir ne le puet, il doit crier et s'il chou ne faisoit, il doit rendre le dette al bouriois. »

[2] *Courtrai,* art. 15 : « ... et se cil bourgeois qui amenez y seroit, ne voloit le debteur detenir à la requeste dou crediteur, il li porroit repondre et dire qu'il le tenist tresci à donc qu'il auroit la loi amenée et quiconques feroit contre ces points, ce seraitseur l'amande de dix livres. »

[3] *Soignies :* « Si quis ex terre ejusdem ville viro debitores extiterint, et solvere noluerint, vir cui res debetur, incolas ville commonebit, ut quod ei aufertur, eorum auxilio acquirat. »

défend la saisie contre un rémois et laisse pleine liberté au rémois contre le forain : « Cives remenses pro debitis suis arrestari non possunt : sed forenses possunt... » [1]

Par une exception unique, la *Keure* d'Ostende (1270) fait une différence en faveur des étrangers : l'« *amman Watermans de Gaul* » ne peut les arrêter ou détenir leurs biens que sur l'ordre de l'autorité, tandis qu'il peut « pander et arrester » la personne et les biens des Ostendais, sans permission préalable. Un texte du même genre, se rencontre à Mont et Sassey, dans la charte de 1307 d'affranchissement à la *loy* de Beaumont en Argonne : le maire et les échevins ne doivent saisir ni bourgeois ni forain sans l'octroi du seigneur ou de son commandement.

Par suite des nécessités du commerce et pour attirer les marchands dans les villes, les seigneurs leur accordaient la *conduite* ou sauf-conduit sur leurs terres, et les chartes interdisaient contre les forains l'arrêt aux jours de marchés ou de foires, avec cette restriction cependant qu'il restait permis pour les dettes contractées au marché, car le paiement de ces dettes aurait pu être compromis par le départ du débiteur. Les textes, qui constatent cette exception faite au régime de droit commun usité contre les forains, sont assez nombreux. La charte de Bulles (1184) qui a servi de modèle au groupe des chartes du comté de Beaumont-sur-Oise, contient un art. XIX ainsi rédigé : « Homines communie de debitoribus suis in omnibus locis capient, excepto in die mercati bulensis » ; celle de Beaumont-sur-Oise connaît la même réserve et admet également la *conduite* [2]. Le esta-

---

[1] *Liber practicus de consuetudine Remensi*, II pars. CCXIV (Varin, *Arch. Législ. de la ville de Reims*, 1re partie, *Coutumes*. p. 177).

[2] *Beaumont-sur-Oise* (1222) art. 17 : « Homines hujus Franchisie... poterunt capere de rebus debitorum suorum. ..nisi fuerint in nostro con-

blissement de la quemune de Saint-Quantin, accordés par Hébert IV entre 1045 et 1080 donnent une règle analogue : « et des cheu qui, par cause de marchié, aura entré en la ville quel que il soit, ne pour nans, ne pour plegerte qui soit faite pour li, ne porra estre pris. » Ce texte a disparu dans la confirmation de Philippe-Auguste (1195), mais il se retrouve dans l'art. 55 de la charte de Roye (vers 1183) imitée de la première charte de Saint-Quentin : « Quicumque ad forum nostrum in villam venerit, salvum ire et salvum redire habeat, ita quod nec ipse, nec res ejus capiantur aut disturbentur. » De ce texte, on doit rapprocher les chartes d'Etampes, de Poissy, Treil et Saint-Léger, comme aussi celles de Chaumont et d'Ervy, filiales de celle de Lorris [1] : toutes sont conçues dans le même esprit. Vers 1180, au Quesnoy, Aubert de Bavière promet sécurité aux jours de fête et de marché en ces termes : « Et puet cascuns venir à le feste au Quesnoit, le franquise de la feste durant, sans estre pris ne arestés pour debte quelconque et en tel manière toutes gens qui viennent au Quesnoit au marquiet le mardy ne doivent estre pris ne arestez pour quelconque debte, ains doivent avoir leur rethour à leur maison... »

---

ductu. » — Art. 18 : « In die autem mercati Bellimontis debitorem suum arrestare non poterunt pro debito suo, aut res ipsius debitoris capere... » — Cf. *Méru* 1191 a. 20, *Chambli* (1222) a. 25 26 et *Asnières-sur-Oise* (1223) a. 12.

[1] *Etampes* (1179) a. 25 : « Neque præpositus Judæorum, neque alius, hominem venientem ad forum, vel res suas, vel redeuntem de foro, vel in foro existentem, in die mercati, pro debito capiet. » — *Poissy* (1221) a. 4 : « Quicumque pro Mercato ad Castrum venerit, ita omnino quietus ire et redire permittatur, ut nunquam vel in adventu vel in reditu ab aliquo disturbetur ; nisi debitor vel fidejussor vel nisi forisfactum fecerit pro quo debeat impediri » — *Lorris* a. 6 : « Nullus ad ferias seu ad mercatum Loriaci (Calvimontis) veniens seu rediens capiatur nec disturbetur... Et nullus in die mercati vel ferii Lorriaci (Calvimontis) vadium plegii sui capiat, nisi die consimili plegiaco illa facta fuerit. »

Enfin, l'empereur Frédéric accorde, en 1184, paix aux marchands qui viennent au marché de Cambrai, sauf poursuites possibles pour argent prêté ou dégât commis envers un citoyen [1].

Le *Très ancien coutumier* de Normandie contient aussi une disposition favorable au commerce, en ce qu'il exige l'intervention de la justice royale pour saisir le corps, les marchandises et les chevaux des marchands qui passent sur le chemin [2].

Pour les foires, l'immunité était pareille : les chartes de Lorris et du Quesnoy parlent à la fois des marchés et des foires. A Hesdin, Robert, comte d'Artois, accordant à la ville deux foires franches par an (1269), et à Fauquembergue (1222) le seigneur du lieu font aux marchands une situation favorable: « Nul, — dit le premier texte, ne poet on miliu arrester pour dette qu'il daie se il ne la acreu en la feste, sauf chou que nul bani nia conduit » — « Concedimus omnibus venientibus feria quinta ad forum de Falcoberga veniendi et redeundi libertatem quantum ad debita dominorum suorum erga burgenses Falcoberga nec ab aliqui homine nostro de Falcoberga poterunt arrestari feria quinta. » Les actes des comtes de Champagne, puis des rois de France contenaient semblable protection pour les nombreux marchands qui fréquentaient les célèbres foires de Champagne et de Brie. Enfin, un acte de Philippe IV (1292) inséré au registre des *Olim* a même une portée plus

[1] *Cambrai* : « Constituimus pacem omni mercatori ad mercatum venienti, exceptis hiis qui aut pecuniæ commodatæ aut prædæ factæ in cives possunt argui. »

[2] *Très ancien Coutumier de Normandie*, ch. XV, art. 4 : « Si mercator transiens per mercatum alicui debuit pro debito suo, nec ipse nec merces sua, vel equi sui, in quimeno capientur. nisi manu justiciæ Regis .. » (éd. J. Tardif, p. 17). — Cf. texte français dans J. Marnier. (*Etablissements de l'Échiquier de Normandie*, pp. 14-15).

grande ; il défend aux baillis et prévôts d'arrêter les marchands et les bourgeois des XVII villes ou leurs biens, lorsqu'ils vont aux marchés et foires du royaume, et lorsqu'ils en reviennent, pour le fait de leur seigneur. sans la permission spéciale du roi. Ces XVII villes. ainsi favorisées par le roi de France étaient, sans doute, celles qui constituaient la Hanse de Londres, et dont le nombre fut porté à vingt-quatre postérieurement[1]. Voici le texte des *Olim* : « *Inhibitum fuit baillivis et prepositis universis ne mercatores de decem et septem villis seu alios liberos bengenses de decem et septem villis seu bona eorum, eundo ad nundinos seu fori regni nostri vel redeundo ab eisdem, arrestent seu arrestari permittant pro facto dominorum suorum, sine licencia domini Regis speciali*[2]. » La protection des foires et marchés est, par la force même des choses, un des éléments importants de la vie urbaine : mais il est impossible d'y voir, comme on l'a prétendu, pour l'Allemagne. la cause principale de l'affranchissement des villes[3].

II

La saisie privée contre les forains s'est maintenue dans les

[1] On possède plusieurs listes de ces villes : le *Livre Roisin* en donne une de 24 noms : « Châlons, Rains, Saint-Quentins, Cambrais, Lille en Flandres, Yppre, Douays, Arras, Tournais, Pieronne-en-Viermendois, Huwi (Huy), Prouvins, Valenchiennes, Gand, Bruges, Saint-Omers, Monteruel-sous-le-Mer, — Abbe ville em pontiu, Amiéns. Biauvais, Dixemue (Dixmunde), Bailleul-en-Flandres, Pourpringhe en Flandres, Orchies. » (édit Brun-La ainne, pp. 151-154.)

[2] *Olim*, éd. Beugnot, II, p. 337, v.

[3] R. Sohm, *Die Entstehung des deutschen Stædtewesens*, 1890. — *Contra* : A. Esmein, *Hist. du Droit français*, p. 287.

coutumes rédigées, et auparavant elle se rencontre dans les décisions des tribunaux qui forment, pour la ville de Paris en particulier, une source importante de la législation à partir du xive siècle. C'est aussi vers cette époque que s'établit le privilège des *villes d'arrêt* dont le nombre alla toujours en augmentant, et, dont l'existence semble démontrer un revirement de rigueur à l'égard des marchands étrangers.

Dans la suite des temps, et notre Code de procédure (art. 822) conserve cette anomalie, l'ancienne *pigneratio* garda son caractère principal, l'absence de titre de la part du créancier saisissant : elle ne se concevait plus, il est vrai, que comme exécutée par ministère de sergent, mais le texte des coutumes n'exigeait pas son intervention comme une condition nécessaire.

A Paris, notamment, l'art. 192 de la première coutume (art. 173 de celle de 1580) procède directement de l'ordonnance de 1134 toujours en vigueur et confirmée encore en 1409, mais restreinte par le progrès des mœurs aux forains. La restriction était déjà faite en ce sens, au xive siècle ainsi qu'en témoignent les *Décisions de Jean des Mares* (1310-1383) et les *Coutumes notoires du Châtelet* (1300-1387) :

« Li bouriois et habitans de Paris puent aler par voye d'arest en la ville de Paris et ès Faux-bourgs, d'icelle sur les biens de leurs debteurs, et des debteurs de leurs debteurs forains, pour estre payez de leurs debtes, combien qu'elles chéent en connoissance de cause ; et de ce user en porroient contre ceux qui auroient domicile à Paris, car privilège contre privilège ne vaut [1] . »

---

[1] *Décisions de Jean des Mares*, n° 233 (Brodeau, *Comm. sur la Cout. de Paris*. 1669, II, p. 583). — *Cout. notoires du Châtelet*, art. 49 (Brodeau, *ibid.* II, p. 585).

Le *Grand Coutumier de France* de Jacques d'Ableiges (avant 1389) (liv. *II*. ch. *XV*) mentionne aussi ce cas d'arrêt:

« Nota que aucun ne peult aller par voye de exécution ne d'arrest, si ce n'est en quatre cas : ..... tiercement par lettres de privillèges, si comme les bourgois de Paris sur les forains... et en nuls autres cas l'en ne peult procéder par voye d'exécution, et qui le faict, il le doit amender » [1].

Cette permission accordée aux bourgeois et habitants de Paris d'arrêter en la ville et faubourgs leurs débiteurs forains, constitue le privilège des « *villes d'arrest* ». A Paris, il était basé sur les termes très généraux de l'ordonnance de Louis Le Gros, qui, si elle avait perdu son application entre bourgeois, avait influencé d'une manière profonde la coutume de 1510; c'est ainsi que le texte de 1134 recommandait au prévôt de prêter main-forte aux habitants: l'art. 174 de la coutume révisée donne pour la saisie foraine compétence exclusive au prévôt de Paris, et non à un autre officier [2]. Pour les autres villes d'arrêt, nombreuses dans la région du Nord, l'origine du privilège était souvent une concession spéciale de l'autorité: à Bayeux, notamment une ordonnance d'août 1358 confirmant celle de 1351 l'établit à l'exemple de Caen et de plusieurs villes du diocèse, afin d'épargner aux Bajociens les frais et les lenteurs de la procédure ordinaire [3]: pour Melun, c'était une ordonnance du 28 février 1432 (n. s.), calquée sur celles accordées à Orléans et à Montargis [4]. Les *Usages et stilz* du baillage

[1] *Grand Coutumier de France*, éd. Laboulaye et Dareste, p 219. — Cf. Buche, *Essai sur l'ancienne coutume de Paris aux* xiiie *et* xive *siècles*, (*Nouv. Rev. histor. de Droit*), 1886, pp. 73-74 du tirage à part.

[2] E. de Laurière, *Cout. de Paris*, 1777 II, p. 144. — Cf. Esmein, *op. cit.* p. 112 et n. 1.

[3] *Ordonn.* III pp. 247-249.

[4] *Ordonn.* XIII, p. 183. — *Ordonn.* XIII, pp. 149-167.

d'Amiens, rédigés en 1507 et passés dans la coutume de 1567 contiennent, à ce sujet, des art. 31-63 qui venaient en droite ligne de la charte de commune (1190 art. 5) [1]. Une ordonnance de Charles VII qui donne, en 1449, le privilège d'arrêt à la ville de Troyes constate qu'il existait à Châlons et à Reims, de temps immémorial [2]. En Flandre, l'exercice de ce droit était pratiqué dans de nombreuses localités, sous le nom de *clain* (Merlin, *Répert.* V° Clain) : en Artois, c'était la charte de 1211 octroyée à Arras qui fondait le droit, confirmée en 1268 et ensuite approuvée par des arrêts du Parlement de Paris [3] : la coutume de Saint-Omer (1739), qui ne l'admit qu'après discussion, est très remarquable en ce qu'elle formule dans son art. 41 une exception résultant d'un traité passé entre la ville et les localités voisines au profit de leurs habitants, avec clause de réciprocité [4].

Il n'entre pas dans notre plan d'étudier par le détail en quoi consistait, et comment s'exerçait l'arrêt dans les villes qui jouissaient de ce privilège : mais nous nous relèverons encore un texte intéressant, celui de la coutume de Verdun (1741) qui emploie le mot « *estant* » dans cette hypothèse,

[1] Bouthors. *Cont. loc. du baillage d'Amiens* (1507), I, p. 95. — Cf. pour Corbie, Cout. de l'Echevinage art. 3-8, dans Bouthors, *ibid* I, p. 291.
[2] *Ordonn.* XI, p. 51. — Cf. pour Reims, *supra*, p. 146.
[3] Merlin, *Répert.* v° villes d'arrêt, §1. XVII.
[4] *Saint-Omer*, a 41 : « Ensuivent ceux qui, à cause de la confédération qu'il y a entre eux et la ville de Saint-Omer, ne sont arrêtables au corps, dans leurs biens, pour dettes non reconnues en justice, si ce n'est au Coolhol, seigneurie d'Escouflans, où chacun peut être arrêté ; à savoir, les bourgeois de Gravelines, Bourbourg, Waten, Aire, les habitants de Nieuwerlet, Morbecq, Arcques, les sujets de la prévôté de Saint-Omer, présentement réunie à l'évêché, ceux du chapitre de Saint-Omer, les habitants d'Equerdes, les habitants du Franc de Bruges, et ceux de Fauquembergue. Pareillement les bourgeois de Saint-Omer, ne peuvent être arrêtés dans les villes et lieux ci-dessus rappelés. » (Merlin. *loc. cit.*)

preuve évidente de l'origine de ce texte [1]. La procédure de *l'estault* décrite dans l'*Ordonnance des Maiours* de Metz n'était qu'une modification atténuée d'une prise de *pannies* primitive, et très reconnaissable ; le mot subsiste en Lorraine, jusqu'au xviii° siècle, mais dans le sens réduit de saisie foraine, et cette persistance, comme la restriction, prouve, d'une façon manifeste, que dans cette province de même qu'à Paris, l'évolution s'est accomplie suivant une loi semblable : par le sens des mots, par les conditions d'exercice, l'*arrêt* et l'*estant* des coutumes abrogées à la Révolution se rattachent directement à la saisie privée générale du très ancien droit français.

§ II. — Saisie contre le plége.

La saisie privée contre le plége, venue du droit germanique, est le cas le plus important et le plus général que présentent les sources du moyen-âge, surtout les coutumiers qui abondent en détails sur sa procédure, semblant laisser de côté et ignorer les autres hypothèses moins caractéristiques, il est vrai, mais pratiques de leur temps. Cette saisie acheva son évolution au xiv° siècle, elle ne se transforma pas, comme les autres, mais disparut pour toujours : elle reste cependant la plus intéressante à étudier parce qu'elle est la mieux connue, grâce aux développements donnés par les auteurs de

---

[1] *Verdun* (Cout. de 1741). XIV, 6 : « Par privilège usité, quiconque est bourgeois demeurant à Verdun, peut procéder par voye d'*estaut*, sur les biens de ses detteurs forains trouvez audit Verdun et banlieue, posé qu'il n'y eut obligation ni cédule. » (Bourdot de Richebourg, II, p. 443.)

coutumiers, et aussi parce qu'elle reflète, dans un résumé précis, les conditions et les effets de la saisie privée telle que les présentent les chartes déjà analysées.

I

Les textes, qui visent la saisie contre le plége, sont de deux sortes : ceux qui, ne faisant aucune distinction entre la caution et le débiteur principal, les mettent sur le même rang et la permettent contre tous deux, par la généralité de leurs expressions, — ceux q: i prévoient spécialement notre cas sans parler du débiteur principal, et semblent donner au plége la place avancée, l'exposant le premier aux attaques du créancier. Cette deuxième série de textes doit seule nous occuper ici. Elle comprend à la fois des chartes assez rares, et les grands coutumiers des xiii⁰ et xiv⁰ siècles. Aucun des textes du Nord ne formule la règle d'une façon aussi énergique que la charte accordée à la ville de Bourges par Louis VI (1120-1136) : confirmée par Louis VII (1144-1145) et par Louis VIII (1224), elle traite de mauvaise coutume et abolit comme telle, à la prière du clergé et du peuple de Bourges et sur le conseil de l'archevêque Vulgrin, l'usage de prendre la permission du prévôt ou du viguier avant de saisir gage du fidéjusseur [1]. Cependant quelques chartes de la fin du xii siècle mentionnent spécialement le cas du plége.

[1] La charte de Louis le Gros qui est perdue est rappelée dans celle de Louis VII : « Prava consuetudo Bituris tenebatur in fidejussoribus : quod fidejussoris sui vadimonium capere, sine consensu præpositi seu vigerii, nullus audebat. De quo præceptum est ut quicumque fidejussorem habuit, sine clamore aliquo ad præpositum sive vigerium facto, vadimonium quis

Les chartes de Chaumont (1190) et d'Ervy (1199) a. 6,
dérivées de celle de Lorris, permettent en général la saisie
contre le plége, sauf les jours de marché et de foire : « Et
nullus in die mercati vel ferie Calvimontis *vadium plegii sui
capiat...* » A Clermont-en-Beauvoisis, les habitants se firent
garantir le même droit contre la caution en 1197, dans la
charte accordée aussi à Creil, et ils y tenaient beaucoup, car
cet article devait reparaître dans un texte postérieur de l'année 1325. « Quilibet plegium suum nantare poterit sicut debet. Ego (comes) plegium meum nantabo, sicut soleo. » Il est
très intéressant de constater que Beaumanoir, bailli du
comté de Clermont, méconnaît dans ses *Coutumes de Beauvoisis* ce droit des habitants du comté, droit qu'il accorde à
la châtellenie de Creil, et aux villages de Sacy-le-Grand et de
la Neuville-en-Hez : pourquoi une telle différence entre le
régime usité au chef-lieu du comté, et à Creil, quand le titre
de concession était conçu en termes identiques pour tout le
pays ? Cette anomalie ne peut s'expliquer que par suite des
« tendances autoritaires et progressives de Beaumanoir en
lutte avec la barbarie traditionnelle » ; le jurisconsulte
éprouvait le besoin de tout faire rentrer dans l'ordre[1].

A côté des *Coutumes de Beauvoisis*, dont le chapitre XLIII
est consacré à la plégerie, la région du Nord, moins riche
que l'Orléanais, la Touraine et l'Anjou, même que le royaume

---

capiat. » (*Ordonn.* I, p. 9. du 1er août 1144 au 14 avril 1145, d'après M. A.
Luchaire, *Actes de Louis VII*, n° 140). — Confirmation de Louis VIII
(1224). (*Ordonn.* I, 48.)

[1] P. Viollet, *Etablis. de Saint-Louis*, I. pp. 320-330. — Beaum. XLIII. 15:
« En le conte de Clermont nus hons si ne puet penre de son plesge
par abandonnement sans sol plaindre à le iustiche. se li plesgez ne li
baille dou sien de se volente. fors en le chastelerie de creeilg. et en le
ville et en terouer de sachi le grant et a la nueuville en hez. mes en
touz ches liex puet chascuns penre de ses plesgez sans le iustiche... »
(Ms. 4516, fol. 164 r° 1e col. — éd. Beugnot, II, p. 175.)

de Jérusalem, offre cependant d'autres coutumiers importants à notre point de vue : *l'abrégé champenois des Établissements de Saint-Louis* (chap. LXVII) qui reproduit le texte du coutumier tourainois-angevin, l'*Ancienne Coutume de Normandie* (chap. LX) dont la théorie concorde avec les coutumiers des autres provinces, la *Somme Rurale* de Jehan Boutillier (titre CI) qui contient une indication instructive et la dernière en date (avant 1395). De ces textes composés pour les pays dont nous nous sommes proposé l'étude, il faudra rapprocher ceux du centre de la France et d'outremer, afin d'en extraire une doctrine générale [1].

II

Les coutumiers exposent en détail la procédure que devait suivre le créancier pour accomplir la saisie contre le plége, car, bien que faite d'autorité privée, la saisie était, dans notre ancien droit coutumier, soumise à une véritable procédure destinée à garantir le plége et à réprimer les actes illégaux. Cette procédure reproduit avec toutes leurs nuances les règles auxquelles était subordonnée, d'après les chartes, la *pigneratio* contre le débiteur, et il est fort remarquable de retrouver dans les doctrines des juristes en notre matière

[1] Nous signalons aussi, avec le *Livre de Justice et Plet*, les *Établissements de Saint-Louis*, les *Assises du royaume de Jérusalem*, le recueil trop peu connu composé avant 1314 pour l'île d'Oléron et intitulé : *Les bons usages et les bonnes costumes et les bons jugemenz de la commune d'Oléron* (éd. sir Travers Twiss, *The black book of the Admiralty*, II, pp. 253-297), et pour la Suisse la *Handfeste de Fribourg en Uechtland*, publiée par M. Lehr.

comme le résidu de la législation antérieure : les conditions pour agir contre le plége, la prise et la vente du gage saisi sur lui, les règles de la contradiction à saisie se présentent ici dans des termes semblables à ceux des textes précédemment cités et relatifs à la saisie en général. Les savantes études de notre maître, M. A. Esmein, sur les *Contrats dans le très ancien droit français* [1], ont éclairé d'une façon définitive ce cas intéressant de saisie privée ; nous ne pouvons mieux faire que d'en suivre l'exposé et d'en adopter les conclusions.

§ 1

Le cautionnement avait gardé, avant de subir l'influence romaine, une physionomie toute primitive, empruntée par lui au droit germanique : le contrat se formait par le procédé formaliste de la *fiance*, il ne survivait pas au plége, il n'admettait pas le bénéfice de discussion, plaçant ainsi le plége au premier rang. enfin il autorisait contre lui la saisie privée : ces caractères qui appartiennent au cautionnement primitif du droit indo-européen faisaient de la plévine du moyen-âge un contrat absolument différent de la fidéjussion réglementée par Justinien.

Le dernier trait de ce contrat doit seul nous arrêter : à quelles conditions était donc soumise la saisie contre le plége? Il faut d'abord prendre garde que la dette soit échue, ou qu'elle n'ait été acquittée ou éteinte d'une manière quelcon-

---

[1] A. Esmein, *Etudes sur les Contrats dans le très ancien droit français.* (*Nouv. Rev. Hist. de Droit...* 1882-1883) 2ᵉ *étude*, § 3, pp. 109-130 du tirage à part.

que : c'est ceque dit Beaumanoir. donnant à l'acte hâtif ou
abusif du créancier une double sanction : les dommages-intérêts et une amende de LX sous[1]. Il faut aussi être certain
que le plége qu'on attaque soit bien celui qui s'est engagé à
côté du débiteur, et en cas de doute, la saisie peut être suspendue par une vérification de sa qualité : *l'ancienne coutume
de Normandie* oblige le créancier à mener le prétendu plége
en cour, et à prouver la plégerie, le défendeur pouvant se
purger par la *deresne*, c'est-à-dire par son simple serment[2] :
Beaumanoir assimile ce cas à celui où l'on prend avant l'échéance du terme et permet la *rescousse* sans amende, sauf en
cas de prise par justice[3] : le jurisconsulte suppose donc que,
comme dans le droit primitif, la saisie avait été tentée malgré
les dénégations du plége qui n'avait alors à sa disposition qu'un
moyen d'arrêter la saisie : la résistance par la force, la *rescousse*.

[1] Beaum. XLIII. 15 : «.... mes bien se gart chelui qui en prent car se
il prent atort. si qomme se cheli nest pas ses plesgez de qui il prent.
ou il prent ains le terme. ou il prent puis que ses plesge se sont aqui-
tiez par paiement. ou par aucuns remuemens de le dette. il rent tous les
damages. et si lamende au seigneur en qui terre il a pris de. lx. solz.
se le plainte ne vient au conte dessus nouuele dessaizine. Car en tel cas
en seroit lamende au conte. » (Ms. 4516 fol°. 164 r° 1° col. — éd.
Beugnot, II, p. 175.)

[2] *Anc. Cout. de Normandie*, ch. LX : « L'en doibt sçavoir que pour
simple plevine n'est aucun mené a loy apparissant, mais à simple
deresne se la plevine ne peut estre monestée par aulcuns muniments
(écrits) ou par le record de l'assise où elle fust faicte... L'en doit sçavoir que le plége qui est trouvé en Court doibt congnoistre ou nyer la
plévine ». (éd. de Gruchy, p. 144). — Rappr. *Etabliss*. I. 122 (éd. Viollet,
II, pp. 226-228). — Cf. Esmein *op. cit.* pp. 125-126.

[3] Beaum. XLIII, 15 (*supra* n. 1) et 16 : « Chelui qui resqueut le
prise que on fait dessus li atort. ne meffet riens, se che nest le iustiche
qui prent. Car quant le Justiche prent soit atort soit adroit. se rescousse
li est taite. chelui qui resqueut lamende de. lx. solz. ou de. lx.
libres. se il est gentiex hons. si qomme il est dit ou chapitre des meffes ».
(Ms. 4516 fol° 164 r°, 2° col. — éd Beugnot, II, p. 175).

Mais lorsque ces conditions sont remplies, il n'est pas nécessaire d'adresser une sommation au débiteur principal avant de saisir contre le plége : le bénéfice de discussion n'existant pas, celui-ci peut être contraint de payer, même sans que le débiteur principal en ait connaissance[1]. La caution ainsi sommée de payer devra avertir le débiteur afin de lui éviter par la suite de plus grands dommages, et aussi desa part un recours énergiquement sanctionné : le droit normand lui accorde un délai pour appeler en cause son débiteur, ou, si elle préfère, elle peut remettre, de son plein gré, des gages suffisants[2]. Les coutumiers prévoient, tous, les cas où les gages sont remis volontairement par le plége et se demandent ce qu'en doit faire le créancier : c'est même à propos de cette remise que se posent les questions de vente et de recréance des gages, et les détails donnés par eux montrent que l'exécution volontaire était la meilleure façon pour le plége d'éviter la saisie privée à laquelle il s'exposait, s'il ne fournissait pas satisfaction.

Le créancier non payé saisissant de sa propre autorité, pouvait prendre tous les meubles qu'il trouvait en la possession du plége, pourvu qu'ils n'eussent pas été volés, même ceux des tiers, les meubles n'ayant pas de suite[3] : Beauma-

---

[1] Beaum, XLIII. 2i. (éd. Beugnot, II, pp. 176-177). — Cf. Esmein, op. cit. pp. 115-116.

[2] *Anc. Cout. de Normandie*, ch. LX : « S'il (le plége) congnoist qu'il fust plége, il gaigera la debte, et aura terme de la payer, ou d'avoir en Court le debteur, qui en fera droit ; et se le debteur vient au terme, et il dict que il doibt la debte, si la paye, ou ses namps qui le vaillent soient pour le plége baillés ». — Cf. le très intéressant ch. XXIX des *Bons usages d'Oleron* (éd Sir Travers Twiss, II, pp. 289-293.)

[3] Beaum. LIV. 3 · « Che nest pas de merueille quant il conuient penre les biens dautrui pour dettes, se on prent les choses que on voi en son pooir, si comme che qui est en se maison ou che qui est en sou quemandement. Et ne pourquant se aucuns vient auant qui proeue le choze pour siene, il le doit rauoir, mais il doit dire et mestre en voir le

noir indique la règle qu'il repousse d'ailleurs, à raison de
son tempérament de progressiste, et nous apprend que la
coutume du Beauvoisis faisait au principe cette réserve que
le tiers pouvait toujours prouver sa propriété, en indiquant
la cause de la présence de son bien chez le plége.

C'est à ce moment que peut intervenir la contradiction à
saisie : le plége qui était sûr de ne pas s'être obligé ou d'être
dégagé de son obligation avait été, dans le début, en droit
de faire rescousse, d'opposer la force à la force : cet usage
primitif était encore légal d'après les coutumiers, quand le
plége pouvait ensuite démontrer son bon droit ; mais si la
saisie s'accomplissait en temps voulu et contre une caution
vraiment obligée, la rescousse était interdite sous peine d'une
amende. Beaumanoir le répète à deux reprises [1], et connaît
deux amendes : l'une de LX sous pour les *hommes de pooste*,
l'autre de LX livres pour les gentilhommes qui « resqueus-
sent » ne faisant en cela qu'appliquer au plége les théories
connues par les chartes de son époque et appliquées aussi au
locataire résistant.

cause pour coi elle estoit en le main de chelui dessus qui elle fu prise.
si comme il lauoit prestee ou louee. ou baillie en gardé. Car par telles
causes a on le saizine daultrui chozes et si est moult bon assauoir pour
oster les fraudes. » (Ms 4516 fol 202 r°, 2° col. — éd. Beugnot, II,
p. 308).

[1] Beaum. XLIII. 17 : « Se rescousse est faite a chelui qui de son
plesge puet penre es liex dessus dis. la ou on puet penre de son plesge.
et il preut adroit. il doit estre resuizis de le prinse. et si lamendera
chelui qui le rescousse fit de. lx. solz. ou de. lx. liures se il est gentiex
hons. » (Ms 4516 fol° 164 r°, .° col. — éd. Beugnot, II p. 176). —
XXX. 54 : « Or veons des rescousses qui sont faites au seigneur qui
prent ou fait penre en iustichant et se le seigneur prent ou fait penre
en iustichant dessus son homme de pooste ou son cors ou dou sien. se
li hons se resqueut ou il resqueut che que on prent dou sien. il chiet en
lamende de. lx. sous et en tele maniere puet il faire le rescousse que
lamende est a le volente dou seigneur... » (Ms 4516 fol° 100 r°, 2° col. ;
fol°. 100 v° 1ʳᵉ col. — éd. Beugnot, I, p. 427).

§ 2.

Comme dans les cas prévus par les chartes, le créancier qui a pris les gages du plége ne peut que les vendre et non se les approprier : qu'il ait pris ou reçu les gages, peu importe, la procédure est la même. Il doit ou bien les conserver et les vendre ou faire vendre au bout d'un certain délai, ou bien les rendre au plége, lui en faire *récréance* et les reprendre pour les vendre après délai.

L'ancienne coutume de Normandie (ch. LX), qui prévoit la remise volontaire des gages par le plége, permet au créancier de les faire vendre avec autorisation de justice après la quinzaine passée, si toutefois le plége ne les a pas dégagés :

« Et sy doibt l'en sçavoir que aulcun ne est tenu à garder plus de quinze jours les namps ou gaiges, qui luy sont baillés pour la dette qui lui est gaigée : mais se ils ne sont dedens ce desgaigés, il les doibt vendre par le commandement de la justice, par devant loyaulx hommes et créables, aussi bien comme ils fussent siens, et retenir du prix ce que l'en luy doibt, et si doibt rendre le demourant à celuy pour qui les gaiges furent baillés. » (Ed. de Gruchy, p. 145).

En Beauvoisis, la coutume conservée par Beaumanoir distingue, comme plus haut, selon la qualité du plége : le créancier gentilhomme garde quarante jours le gage remis par un plége gentilhomme et seulement sept jours et sept nuits celui de l'*homme de pooste*; ce délai expiré, il est tenu de prévenir le plége pour qu'il puisse racheter les gages, et s'il ne les rachète pas, il les vend lui-même, étant cru de la vente par son seul serment. Voici les textes :

Beaum. XXX. 51 : « Les gages qui sont pris pour dette de gentil homme doiuent estre gardes. xl. iours sans vendre se il nest ainssi que li gentiex hons nait nus plesges des hommes de pooste et que les plesges de hommes de pooste soient souffissant pour tenir la plegerie naient baillie nans. Car en tel cas il ne les gardera ia se il ne veut que. vij. iours et vij. nuis. » (Ms 4516 fol· 100 r° 1re col. — éd. Beugnot, 1, p. 425). — XXX. 53 : « Quant les nans sont ballies au creanchieret il les a tant gardés qomme coustume coustume (sic) porte si qomme il est dit dessus. il doit monstrer par deuant bonne gent a chelui de qui il tient les nans.que il viengne a les nans vendre ou que il les rachate. se chelui ne les veut rachater ne aler au vendre. le creanchier les puet vendre. et est creus de la vente par son seurement et se le creanchier les vent sans lui monstrer ou auant que le tans de la garde soit faillis. chelui qui les nans bailla a tous iours action de demander les nans en quelque tamps que il veudra pour largent et doit estre le creanchier qontraint à faire reuenir les nans. ou a rendre le damage a chelui qui les nans bailla tes qomme il les porra prouuer. » (Ms. 4516 fol· 100 r° 2e col. — éd. Beugnot 1. p. 427).

§ 3.

Il est tout naturel que le plége, qui a été saisi pour la dette de son débiteur, soit indemnisé de ses prises: nos coutumiers ne négligent pas de mettre ce principe en lumière :

« Qui met autrui emplesgez il le doit deliurer de le paine et de touz cous, et de touz damagez, aussi nettement quomme il estoit quant il fu mis en le pleuine », dit Beaumanoir [1].

Pour recouvrer ses debours, la caution avait dans le droit germanique, et sans doute aussi au début de la période féodale, la saisie privée, qu'elle pouvait exercer contre le débiteur principal même avant d'avoir été exécutée, pour se couvrir. C'est encore l'état de législation que connaissent les coutumes du Midi [2] ; fait curieux, de tous les coutumiers du Nord, la *Somme rural* qui ne contient rien sur la saisie contre le plége, sanctionne de la même façon le recours de celui-ci : supposant que le créancier a reçu des gages et une caution, Jehan Boutillier ne lui permet de « traire aux pleiges » que s'il leur remet les gages [3]. Cette obligation imposée au créancier dérive, sans doute, d'une influence de la théorie romaine de la subrogation, et c'est là vraisemblablement la première apparition dans notre droit du principe de l'art. 2029 C. Civ.

Mais les autres coutumiers n'accordent au plége saisi qu'un recours en justice, privilégié à certains points de vue. Ainsi Beaumanoir indique que le débiteur est tenu de rendre à la

---

[1] Beaum. XLIII 5. (Ms. 4516 fol. 163 r° 2° col. — éd. Beugnot, II p. 172). — Rappr. les *Bons usages... d'Oleron* ch. XXIX *in princ.* (éd. sir Travers Twiss, II p. 204).

[2] Esmein, *op. ci'*. p. 137 et n. 3-4.

[3] *Somme Rural* tit. CI : « *De prendre gaige pour le pleige.* Aucunesfois aduient que le pleige prend gaige de celui de qui il fait la pleigerie. Et aussi aduient aucunesfois que crediteur prend gaige et pleiges pour sa dette. Si sçaches que le fideiusseur qui a gaiges par deuers lui, si poursuivy est, doit sommer son principal auant que les gaiges puisse vendre ne clamer ; car ce n'est que seurté que le principal n'appauurisse. Mais le crediteur qui prend pour sa debte pleiges et gaiges, sçaches que s'il se veut traire aux pleiges, il leur doit mettre en main les gaiges : ou autrement il n'y seroit à receuoir... » (éd. Charondas le Caron 1621. p. 988).

caution, qui le poursuit, tous les dommages : cela fait allusion à la règle féodale que chacun plaidait à ses frais, règle qui subit ici une dérogation en faveur de la caution recourrant contre son principal[1]. De plus, le serment du demandeur suffit pour fixer les dommages auxquels sera condamné le défendeur[2]. Seulement, on refusait tout recours au plége qui avait nié d'abord la plévine, et avait été convaincu par jugement de la réalité de son engagement : c'était une punition de sa mauvaise foi. Beaumanoir dit à cet égard au ch. XLIII. 6 :

« Se on demande a ancun pleuine. et il nie encourt que il neu nest pas plesgez. et puis en est attains *par pruevez*[3]. il quient q*ue* il sache le plegerie et li amende le nianche. et si est lamende de. x. *liures*. se il est gentiex hons. ou de. v. *solz*. se il est hons de pooste. Et si ne sera pas tenus chelui qui en le paine le mist de deliurer le de le paine. se il ne veut. Car tel damage doit il recheuoir *pourche* que il nia le verite pour le paour de perdre[4]. »

Ainsi, sauf cette théorie du recours particulier au cautionnement, à raison de sa nature même, tous les traits de la saisie privée, que nous ont révélés les chartes, se reproduisent et se concentrent dans la saisie contre le plége : c'est elle qui fournit, d'après les coutumiers, la plus intéressante application, quoiqu'on ne puisse étudier pour elle une transformation progressive, arrêtée par la marche de la procédure

[1] Beaum. XLII, 40 formule la règle, et XLIII, 5 l'exception.

[2] Cf. Beaum. XLIII, 44. — Le droit polonais du xv° siècle privilégie le recours de la caution en ce qu'il lui permet de faire la preuve par son serment avec un ou deux cojureurs (*Statut de Wistica*, 1, 78-70. R. Dareste, *op. cit.* p 198).

[3] Ces deux mots sont laissés en blanc dans le Ms. 4516.

[4] Ms. 4516 fol. 163 r° 2°. col. — éd. Beugnot, II p. 172. — Cf. sur tous ces points : Esmein *op. cit.* pp. 137-140.

qui devait imaginer bientôt les *lettres de baillie*, contenant une sentence rendue d'avance et dispensant de recourir à l'exécution privée.

§ III. — SAISIE GAGERIE DU LOCATEUR

A la différence de la saisie contre le plége, le droit du locateur se maintint, en parcourant sa complète évolution, depuis l'époque féodale jusqu'au xvi⁰ siècle, parce qu'on louait souvent sans titre authentique et même par contrat verbal, et que la pratique ingénieuse qui créa le titre exécutoire ne pouvait s'appliquer ici.[1]

Les coutumes des xv⁰ et xvi⁰ siècles ne connaissent plus, comme notre art. 819 C. Proc. Civ., que la *saisie-gagerie*, dont le nom rappelle l'idée d'une « *prise de gage* », d'une « *pigneratio* » : la gagerie s'appelle aussi « *simple arrêt* » dit de Laurière sur le titre VIII de la coutume de Paris, par une ressemblance évidente, au point de vue de la procédure et des effets, avec l'arrêt des forains; et la coutume de Clermont-en-Beauvoisis (1496) emploie le mot d' « *arrest ou créculion* » comme le *Grand Coutumier de France* dont elle semble inspirée.

La saisie-gagerie était donnée aux bailleurs à cens et aux bailleurs à rente, sans distinction; elle était soumise à certaines conditions et produisait des effets que nous allons rechercher.

[1] Esmein, *op. cit.* pp. 143-144.

I

Les textes anciens, qui établissent la saisie privée des loca-
teurs, sont de deux sortes : les chartes et les coutumiers d'une
part, les décisions de justice de l'autre, et ces diverses sources
du droit au moyen-âge ont fondé, plus tard, le même privilège.

En Basse Picardie, les chartes de Gamaches (1230, a. 43),
Saint-Valéry-sur-Somme (1376, a. 35) Domart et Bernaville
(1247, a. 33) sont conçues en termes identiques et absolus.
« Si burgensis locaverit domum vel ad censum dederit, ipse
potest capere vadia in illa domo, propter locacionem vel
propter censum, absquelicencia Baillivi, sine emenda » [3]. Au
contraire, la charte d'Escaupont (1238), qui prévoit le cas
de rentes dues, exige une plainte au seigneur ou au maire,
et c'est le seigneur qui délivre au plaignant le gage qu'il
prend dans la maison du débiteur : « Si toutes les rentes
ke sains Amans tient on pooir de Vi et d'Escaupons et
toutes les autres ke autre tenanle i ont ne sunt paies au jour
keles doivent estre paies et on sen plaint u on le monstre au
seigneur u a sen maieur par devant laiwe de le ville, li sires
doit aler en le maison de celui ki doit cele rente dont plainte
est faicte u monstrance, et delivrer wage a celui qui on doit
le rente tant kil en ait bien son creant... »

A Saint-Omer, le droit de saisie existait également, puisque parmi les privilèges concédés par la comtesse Mahaut
aux marchands étrangers fréquentant l'étape de cette ville
(1320), se rencontre celui de n'être pas « arreste ne desga-

---

[1] Cependant la charte de Gamaches vise le bail à rente au lieu du bai
à cens.

gie » pour arrérages et hostages dus antérieurement sur les maisons louées aux marchands, mais seulement pour ce qu'eux-mêmes peuvent devoir de loyers[1].

Les textes de coutumiers ou d'anciennes coutumes sont plus nombreux et répartis en diverses provinces : à Amiens, la deuxième coutume, antérieure à 1292, pose le principe pour les termes échus, et même pour ceux échus et à échoir quand le créancier s'aperçoit que l'hôte est près de s'enfuir : les coutumes locales de 1507, a. 43 permettent encore de « faire prendre par exécution » les meubles de la maison, et leur texte a passé dans la révision de 1567[2]. *Li jugement des us et coutumes de la ville de Rains* (vers 1252) connaît le même droit : « d'aucuns a maison à loyer, il puet panre wage do loyer sans mespaure envers le seigneur, si on ne li diffant » ; la coutume de 1481 a admis l'exécution dans ses deux chapitres » des louyers et pensions des maisons et héritaiges » et « des actions et exécutions.[3] »

Les *usages de Mézières* aux xive et xve siècles autorisent aussi la prise de gages sans autre condition que l'assistance

[1] *Priv. de la comtesse Mahaut* (15 juillet 1320) : « Nous voulons et otroions que on ne puist arrester ne desgagier nul desdiz marcheans ne leurchastiex pour hostages de maisons là où il seront entrés, pour arrérages que le manoir ou le tresfons porroit devoir pour cause d'autrui qui devant y auroit demouré ne autre chose nule, fors tant seulement pour ce que le marcheant meismes pourroit devoir du temps qu'il auroit demouré ;... » (A. Giry, *Hist. de Saint-Omer...* Pièce justif. LXXIX, p. 459.)

[2] *2e cout. d'Amiens* a. 73 : « Derekief, cascuns et cascuue puet prendre wage en se maison qu'il a louée à autrui, pour sen otage, quant termes est passés ; et se termes n'estoit passés et il veoit que ses ostes s'en vausist fuir, il porroit prendre wage laiens pour tout sen ostage des termes passés et à venir. » (A. Thierry, *Monuments... du Tiers-Etat*, I,) p. 171). — Cout. de 1507 a. 43 dans A. Bouthors, *Cout. loc. du baillage d'Amiens*, I. pp. 90-91).

[3] *Le jugement,...* dans Varin, *Arch. Législ....* (2e partie *Statuts*. I. p. IV. — Cout. de 1481 dans *ibid* (1re partie. *Coutumes*. pp. 731, 791.)

de deux bourgeois ou du sergent « foytable » ; voicile nᵒ 7 de
ces usages : « Ung bourgois, habitant on autre forain propriétaire et qui ait maison audit Maizière et l'ait baillé par louaige
à ung habitant du dit lieu… et s'il advient que celluy qui tient
par louaige ladicte maison ne paie ou ait satisfait audit propriétaire ausdis jours (de termes), icellui propriétaire puelt, au
moyen du privilége de ladicte ville, venir la myt ou vigile de
saint Jean-Baptiste… prendre gaiges dedans ladicte maison,
de soy meisme, sans mesprendre, pour le terme qui escherra
le lendemain… ; et paroillement la vigille de Noël… ès pre-
sence toutefois de deux bourgois ou habitans dudit lieu ou le
sergent foytable [1]. »

En Flandre, le *Livre Roisin* de Lille et la *Somme Rural* de
Jehan Boutillier visent le cas de gagerie : mais, tandis que le
premier requiert l'intervention du sergent pour prendre gage [2],
Boutillier déclare que toutes les coutumes s'accordent à n'exiger en la prise d'autre justice que le propriétaire [3] : le prati-
cien ignorait l'exception de la coutume de Lille, mais se ren-
contrait en ce point avec d'autres juristes. Beaumanoir, en
particulier, formule la règle pour le bailleur de toute espèce,
n'y mettant que deux réserves rationnelles, le respect de la

---

[1] P. Laurent, *Statuts… de l'Echevinage de Mézières*, p. 21.

[2] Le locateur, dit-il à trois reprises, doit « aller à tout le justiche en
le maison pour wage prendre », « prendre wage par le justiche. » (éd.
Brun-Lavainne p. 71). — Le mot « justiche » désigne, dans le coutumier lillois le sergeut, comme on le voit notamment, p. 120 : « Ch'est
li siermens des siergeans que on appelle justiche. »

[3] *Somme rural* tit. CII : « Certaine chose est que tous les biens, qui
sont apportez en la maison qu'aucun tient à loiage, sont gage de loiage
par la nature de la loy escrite, ny ne doiuent estre transportez hors de
la maison, puisque le seigneur de la maison l'aura défendu, *car autre
justice ne sergent n'y faut que le seigneur meismes de la maison*, et ainsi
le tiennent et gardent les coustumes partout. » (éd. Charondas le
Caron, p. 588.)

saisie du seigneur, et l'interdiction de saisir sans justice les biens sortis de la maison.

Beaum. XXXVIII. 9 : « Coument que je tiengne me maison ou en fief. ou en villenage. se aucuns maint dedens par loier et il ne me paie men loier aus termes qui sont deuisez. Je puis penre dou sien dedens me maison pour le louage qomment que il se soit obligiez pour autrui ou enuers autrui excepte le saizine dou seigneur de qui je tieng me maison. Car se me maison est saizine. ou les biens de chelui qui me doit men loier par monseigneur par dessus je dois pourcachier que le saizine soit hors auant que je y mette le main. ou Requerre que il me fache paier che qui mest deu par le raison dou louage. Et se chelui qui en me maison maint veut widier le lieu ains le terme ou apres le terme. ou en apert. ou en rechelee. Je puis arrester ou faire arrester le quel qui miex me plaist. ses biens tant qomme il sont en le maison. mes se il sont mis hors auant que je fache larrest. dessus autrui iustiche que dessus le moie. je ne le puis arrester de mauctorite que il ne me qonuenist le lieu resaizir et amende faire. Ainchois me qonuenroit pourcachier de men loier par le seigneur de chelui qui le me doit. ou moi penre ames plesgez seic les ai. » (Ms. 4516 fol° 137 r°, 1° et 2° col. — éd. Beugnot, II, p. 78) [1].

Le grand Coutumier de France rappelle en plusieurs passages le droit de gagerie contre le locataire de maison : le ch. XV du liv. II classe ce cas parmi les quatre cas limitatifs où l'on peut aller par voie d'exécution ou d'arrêt, et dit plus haut que c'est une dette privilégiée : le ch. XXXVII du même livre intitulée « du droict des propriétaires » détaille les effets

---

[1] *Adde* Beaum. XXXIV, 16. — Rapp. *Livre de Justice et Plet*. IX, 4, 1. et IX, 9, 1.

du privilège [1] ; le ch. LXI (XXV) du liv. III développe le droit du bailleur à cens que le liv. II rangeait déjà dans le cas d'exécution [2] .

La Jurisprudence du xiv° siècle consacre, à l'exemple des praticiens, une procédure semblable contre le preneur de maison : les *Coutumes notoires* et les *Olim* fournissent à cet égard sur la Jurisprudence du Châtelet et du Parlement des documents précieux. Trois arrêts de 1314-1315 rapportés aux *Olim* supposent admis le droit de saisie privée dans toute sa portée, c'est-à-dire avec enlèvement par le saisissant des objets saisis, et non pas encore, comme dans la saisie-gagerie, sans transport : en effet, deux d'entre eux supposent une rescousse du preneur à cens et reconnaissent le droit du saisissant, un autre ordonne de rendre aux saisissants les gages dont ceux-ci avaient fait récréance au saisi, les autorisant à vendre et à en prendre d'autres jusqu'à complète satis-

[1] *Grand Cou'umier de France*, liv. II, ch. XV : « Nota que si aucun estoit tenu à ung aultre pour louaige d'une maison… il est assavoir que ce sont dettes privillégiées… — Nota que aucun ne peult aller par voye de exécution ne d'arrest si ce n'est en quatre cas :… tiercement par lettres de privilléges… pour louaige de maison ou pour censise d'hostel. » (éd. Laboulaye et Dareste, pp. 217, 219). — Liv. II, ch. XXXVII : « Nota que debte deue à cause de louaige est tellement privilégiée que sur les biens trouvés au louage, les arrérages d'icelluy sont premiérement payés. Et est à savoir, que se aucun vuide sa maison de nuyt ou aultrement clandestinement, c'est assavoir la maison qu'il tient à louage, et le propriétaire le faict appeller, il peut conclure contre luy qu'il soit contrainct à raporter des biens, *affin que propriétairement y puisse gaiger pour son louaige* » (*ibid.* p. 353) — *Adde* liv. II, ch. XXXI; (*ibid.* p. 316) ; liv. III ch. LIV, (*ibid.* p. 534).

[2] *Grand Cout de France*, liv. III, ch. LXI, (XXV) : « En la saisine et possession d'en estre paié par chascun an ausdicts termes par les détenteurs et propriétaires d'iceluy ou des habitants en icelle, et de prendre ou faire prendre, gager en icelle maison toutes et quantes fois, qu'à luy a pleu… Et d'iceux gages faire vendre de par le Roi nostre sire… » (*ibid.* pp. 550-553).

faction [1]. Les *Coutumes notoires* (1310-1387) semblent marquer une jurisprudence postérieure [2] ; comme le grand Coutumier de France (fin du xiv⁰ siècle), elles ne connaissent plus que la gagerie « saisie privilégiée de meubles sans transport », et sont la source première des art. 63, 163, 165 de la coutume de 1510 (art. 86, 161, 163 de la coutume de 1580). La transition du droit de saisie réelle au droit plus civilisé de saisie-gagerie se serait donc accomplie entre 1315 (date des arrêts des *Olim*) et la fin du xiv⁰ siècle, pour Paris au moins, car en Picardie, la charte de Domart était confirmée encore en janvier 1395 (n. s.) par Charles VI et celle de Saint-Valéry-sur-Somme ne nous est connue que par une confirmation d'août 1376. Mais partout, la saisie-gagerie devait être en pratique au xv⁰ siècle ; la première coutume qui la signale est celle de Clermont-en-Beauvoisis (1496) [3] : les coutumes locales d'Amiens de 1507 a. 43 [4] et toutes celles du xvi⁰ siècle ne nous présentent plus que la saisie sans déplacement, ayant, comme dans la saisie foraine, achevé l'évolution.

---

[1] *Olim* (éd. Beugnot), III *2ᵉ partie*, p. 916 LXXVII (Phil. IV. 1314), p. 998 LX (Louis X 1315) ; pp. 1007-1010, LXV (même date).

[2] *Cout. Not.* art. 3, 31, 39 (Brodeau *op. cit.* pp. 527, 532, 533). — Cf. Buche, *op. cit.* pp. 25-40.

[3] *Cout. de Clermont* : « Par la coustume dudit conté, aucun ne peult procéder par voye d'arrêt on execucion sur les biens d'autruy sans obligacion ou condampnacion, ou s'il n'y a debtes du roy, de prince de ceste conté, pour louage de maison, loyer de serviteurs, ou que ung debteur pour soy absenter du pais vendist à la cellée, pour fraulder ses crediteurs tous ses biens. » (Bll. Nat. Ms. Fr. 4515 f. 39, cité par M. Viollet *Etabliss.*,. I p. 330 n. 3).

[4] L'a. 44 accorde encore au bailleur à cens de « faire prendre et enlever par exécution les huis ouvrans et fermans sur rue » : cette sanction curieuse du défaut de paiement du cens, qui persista longtemps dans notre droit se retrouve à Amiens dès 1249 ; il existait à Domart (ch. de 1247 n. s : a. 39), à Ypres et St-Dizier (texte de 1325. *Tout-lieu de St-Dizier* : app. au t. II des *Olim* éd. Beugnot, p. 750 LXVI). Beaumanoir le signale aussi (XXX. 39).

II

Sans prétendre étudier ici la gagerie telle qu'elle est réglée par les coutumes rédigées, il peut être intéressant d'en rechercher les conditions et les effets alors qu'elle n'était autre qu'un cas de saisie privée.

La concession de ce droit exorbitant entrainait naturellement avec elle l'obligation pour le preneur de garnir suffisamment la maison : la gagerie n'était accordée qu'aux censiers de la ville, faubourgs et banlieue de Paris, et ne pouvait s'exercer que pour trois quartiers seulement [1]. Le *livre Roisin* qui exige la présence du sergent la permettait pour termes non échus de l'année entière quand le locataire était banni « a la bretesce » (lieu où s'affichaient les actes de l'échevinage lillois) [2]: il en était certainement de même quand le débiteur était prêt à prendre la fuite : le bailleur peut même agir en justice à fin de le contraindre à rapporter les biens dans la maison quand il les avait détournés clandestinement [3]. Car c'était une règle que les biens sortis de la maison ne peuvent être gagés : il fallait, dans ce cas, recourir à la justice soit pour les faire rentrer et exercer sur eux la saisie, soit pour les faire arrêter par justice et se payer sur le prix [4]. Mais quant aux biens trouvés dans la

[1] H. Buche, *op. cit.* pp. 35-27.

[2] *Livre Roisin*, « de Louwages de maisons » §§ II-IV (éd. Brun-Lavainne p. 71).

[3] *Grand Cout. de France*. II, XXXVII. (éd. Laboulaye et Dareste, p. 353).

[4] Beaum. XXXVIII 9 *in fine* (*suprà* p. 169). — *Livre Roisin*, loc. cit § II *in fine* . — Rappr. *Livre de J. et P.* IX, 9. 1.

maison, le saisissant n'a pas à s'inquiéter de leur provenance, les meubles n'ayant pas de suite[1]. De même, le bailleur pouvait se voir opposer cette règle lorsqu'il poursuivait
ses gages chez autrui : ici cependant — ainsi que Beaumanoir
avait admis la preuve du tiers au premier cas, la doctrine
avait introduit lentement une atténuation au principe.
L'art. 171 de la nouvelle coutume de Paris, écrit pour la première fois à la révision, permet la suite des meubles transportés hors des maisons et fermes saisies : l'origine de cette
disposition paraît être dans un arrêt de 1367, qui, suivant
de Laurière, aurait d'abord accordé le droit de suite aux seigneurs censiers pour l'étendre ensuite à tous les propriétaires[2].

La saisie-gagerie ne donnait plus au créancier qu'un droit
sans transport et il était tenu de faire vendre par justice ; au
contraire, la saisie privée lui permettait d'emporter les biens
et de les vendre lui-même : c'est ce que démontrent les arrêts
contenus aux *Olim*, qui annulent la rescousse du débiteur et
supposent la récréance faite de bonne grâce par le bailleur : la
vente était faite par lui et il se payait par privilège sur le
prix[3]. Tout ceci est d'ailleurs conforme aux effets de la
saisie privée contre tout débiteur ou contre le plége.

Dans cet ordre d'idées, la coutume d'Orléans avait mieux
conservé que la coutume de Paris les traces de l'ancien droit,
car elle permettait l'exécution sans sentence de condamnation, c'est-à-dire le droit de saisir et de vendre, tandis que la
coutume de Paris n'accordait plus aux « seigneurs d'hôtels et
de métairies » que le droit de simple gagerie, c'est-à-dire un

---

[1] Beaum. LIV. 3. (*suprà* p. 159 n. 3)

[2] De Laurière. *Cout. de Paris.* 1777, II, pp. 139-140, rapportant un
arrêt de 1367 tiré de : *Lucius, lib. 10 Placitorum tit. 3 cap. 1.*

[3] Cf. *supra* p. 170 n. 2.

« arrêt qui consiste a saisir et à établir un gardien auxdits meubles pour sûreté de ce qui leur est dû »[1].

§ IV. — SAISIES DU VENDEUR ET DE L'HOTELIER

A côté des saisies pratiquées contre le plége et le locataire, notre très ancien droit permettait aussi la saisie privée, pour sanctionner d'autres créances moins importantes et où la procédure se révèle comme plus simple : sans parler du commodant que le *Livre de Justice et de Plet* (IX, 9. 1.) autorise à reprendre extrajudiciairement la chose prêtée et dont la saisie constatée par ce seul texte est repoussée dans le *Coutumier d'Arras*, il faut signaler les privilèges de l'hôtelier et du vendeur de meubles, dont les créances sont aujourd'hui encore favorisées au point de vue du droit civil.

D'après les chartes d'Oisy (1216) a. 24 et de Marquion (1238) a. 45, il est loisible aux vendeurs de tous objets de consommation de prendre des gages jusqu'à concurrence du tiers en sus de ce qui leur est dû : ils peuvent conserver ces gages pendant XV jours durant lesquels le débiteur qui paie a la faculté de les reprendre, sinon, le délai passé, après les avoir montrés aux échevins, le créancier a le droit de les vendre lui-même. Cette disposition favorable aux vendeurs de denrées se retrouve dans l'a. 120 des *bans de l'Echevinage* d'Hénin-Liétard : elle semble limitée à cette partie de l'Artois[2].

[1] Pothier, *Traité du Louage*, nos 275-276.
[2] *Oisy* a. 24 : « Ly vendeur de toutes choses venaus, se mestier est, puent prendre waige plus vallant le tierch que il ne creroit sus, et ly créeur warderont ce waige par XV jours, et quant cil XV jours seront

Ce cas se rapproche de celui de l'hôtelier : tous deux, le vendeur de denrées et l'hôtelier deviennent des créanciers sans terme et partant plus dignes d'intérêt. Des textes relativement nombreux donnent au tavernier droit de saisie pour dettes contractées chez lui, en limitant son droit aux objets restés dans sa maison : ce serait donc à proprement parler un droit de rétention, soumis à la règle « meubles n'ont pas de suite », mais s'exerçant par une saisie privilégiée qui figure au titre VIII de la coutume de Paris (a. 175) à côté de l'arrêt des forains et de la gagerie.

La charte de Beaumont en Argonne (a. LIII) reconnaît la prise de gages du tavernier : « Tabernario in domo sua tantummodo licebit de venali suo res accipere, sed extra domum non licebit » : l'*arche ou loy* de la même ville (a. 76) restreint le droit de saisie à un « escot », dont le serment du tavernier fait foi jusqu'à 5 sous : « Le tavernier peult gaiger son hoste pour un escot, dedans sa maison et non dehors, dont le tavernier sera creu de son venal, pour 5 sous, pour une fois, si donc le beveur n'a demourré pour ung aultre [1]. » Les chartes de Trazegnies (1220) et de Chapelle-lez-Herlaymont (1222) permettent de prendre au débiteur jusqu'à sa chemise [2]. Les *Keures* de Flandre exigent du tavernier qu'il

passés, ly créeur peuvent emprunter leur debte sur le wage à leur pooir, et s'il ne peuvent, puis que l'aront moustré as eschevins, il le peut vendre sans fourfait et par témoignage ».

[1] Cet art. 76 est l'art 56 du Ms. des *Arch. comm.* de Beaumont et l'art. 80 de celui de Virton.

[2] *Trazegnies* : « Si quis ad comedendum vel bibendum in tabernis se receperit, tabernarius pro expensis illius potest sumere vadium infra domus sue limina, èo usque ad camisam spoliato. Si vero extra domum se transtulerit creditor, ab eo vadium sumere non presumat ». — *Chapelle-lez-Herlaymont* : « Se aucuns, pour manger et boire, vient à le taverne, ly taverniers, pour les despens et frais de celi, poet prendre waige dedans le sous (seuil) de sa maison et lui devestir jusques à la chemise, et se cil se mettist fours de la maison, ly taverniers ne le poet dewagier à forche ».

prenne le gage en plein jour et avec deux voisins pour témoins, sinon il encourt une amende de X sous et plus : la *Keure* de Saffelaere (1264) imitant celles plus anciennes du Waesland et des Vier Aemter de Bruges (1241-1242) contient quelques règles curieuses sur la vente des gages saisis : le saisissant fait proclamer la saisie à l'église par trois dimanches ; si le débiteur ne les rachète pas, il les vend avec l'assistance de deux voisins, se paye, et verse le surplus du prix au propriétaire du gage [1].

La Jurisprudence du xiv⁰ siècle ne connaît plus que le droit de rétention et la créance privilégiée que l'hôtelier faisait valoir sur les effets retenus ; mais il n'a plus le droit de vente et de paiement directs : la coutume 50 des *Coutumes notoires* et la décision 176 de Jean des Mares qui consacrent cette Jurisprudence sont devenus dans la suite l'art 175 de la coutume révisée de Paris [2].

§ V. — SAISIE DES ANIMAUX PRIS EN DOMMAGE

Le dernier cas de saisie privée qui s'est conservé avec des

[1] *Waesland* (1241) a. 36 : « Tabernarius vel alius non debet accipere vadium ab aliquo, nisi lumine diei et testimonio duorum vicinorum. Quod si transgressus fuerit, dabit comiti decem solidos. ». *Vier Aemter* (1242) *tit. XVII : de furto et emptione rei furtivæ*, même texte sauf a. 54 : « ... Si quis vadium ab aliquo sine testimonio duorum ejus vicinorum vel per noctem acceperit, dabit comiti et castellano decem solidos, et praeconi tres solidos, et inclamatori ruddet rem suam sine pretio » — *Saffelaere* (1264) a. 23. « ... Ille vero qui dicta vadia recepit, debet ea facere proclamare per tres dies dominicas in ecclesia ; si interim redempta non fuerint potest ea vendere sub testimonio duorum vicinorum ; et si quod residuum remanserit, debet revertere ad eum, cujus vadium erat. »

[2] *Cout. Not.* 50 (Brodeau, *op. cit.* II, p. 585). Des Mares *déc.* 176 (d° p. p. 581). — Cf. Tambour, *op. cit.* p. 375.

formes archaïques est la « prise des animaux en dommage ès héritages d'autrui » : il n'est pas fondé, comme les précédents, sur une idée de lien contractuel, mais est la conséquence directe du délit d'un animal ou même d'un particulier. A ce titre, nous devons seulement en rappeler les traits principaux et en esquisser la transformation.

Les *Leges* permettaient au propriétaire du terrain dévasté de tuer les bêtes dommageables, et aussi de les mettre en fourrière « *schütten* » afin qu'elles répondissent du dommage [1]. Les chartes et coutumes du moyen-âge contiennent divers articles constatant le droit de prise de gage sur l'animal ou l'homme en délit : en Artois, les chartes d'Oisy (1216) a. 14 et de Marquion (1238) a. 28 permettent de prendre gage du malfaiteur, et le prévôt est tenu de payer le dommage au bourgeois : si le malfaiteur ne veut donner gage, le bourgeois sera cru par son serment du dommage et la peine sera de V sous : « Se ly bourgois voit aucunes manières de bestes ou carettes ou cieulleurs en son dommaige, il peut prendre waige du maufaicteur et rendre au prevost, et ly prevost doit au bourgois rendre le domaige, con ly ara fait et peut prendre le fourfait le seigneur…: et se cil qui fait le damaige ne veut donner wage au bourgois, ly bourgeois apelera tesmoings sur ce, sil les peut avoir présens, se il prouvera par son serment devant prevost et devant eschevins, que il dist voir celle cose, et prevost fera rendre au bourgois le damaige que on ly ara fait et prendera du maulaicteur le fourfait pour le seigneur, c'est assavoir V solz. » Des *usayes* de Metz accordent au forestier « fautaule » (assermenté) le pouvoir de prendre un gage des bêtes en dommage et le forestier est cru du lieu où il prend [2] : celui qui « resqueut » au sergent

[1] Esmein, *op.cit.* p. 142.

[2] *Rapport aux XIII du 10 août 1317*, dans Bonnardot (*Documents du droit coutumier à Metz. Nouv. Revue hist. de Droit.* 1885, pp. 345-346).

feutable doit lx. sols d'amende au seigneur, d'après une charte de St-Aubert (Nord) (1240). Un texte extrait par Du Cange d'un registre du Trésor des Chartes reconnaît au propriétaire le droit d'emmener les bêtes dans son parc, et pour le maître des animaux celui de ne pouvoir les retirer qu'en donnant *mors-namps* [1].

Beaumanoir consacre « aux prises de bestes et de gens en present meffet » un long développement: la saisie faisait perdre au maître, au bout d'un certain délai, la propriété de ses animaux: il avait déjà posé le principe dans son chapitre « des meffés », en punissant d'une amende de LX sous, celui qui faisait rescousse à la prise[2].

Les *Assises de Normandie* au XIII° siècle mentionnent la même législation[3], puis les coutumes rédigées établissent la rétention surtout dans le but de fournir une preuve facile du dommage: après un délai très bref, on menait les bestes à justice et, si le maître ne donnait gage ou caution, les animaux étaient vendus pour satisfaire à l'amende et aux dommages causés, pour lesquels le demandeur n'était cru par son serment que jusqu'à un certain taux[4].

Mais ce dernier cas de saisie privée ne peut avoir, pour nous, la même importance que la saisie foraine, la saisie contre le plége et celle du locateur: ces dernières présentent les véri-

---

[1] Du Cange v°. *Namium* (édit. Henschel, IV, p. 599). *lettres de rémission de 1384.* — Cf. *Très nc. Cout. de Bretagne.* ch. 281 ssq.

[2] Beaum. L. II 2-8-XXX. 81-82: « Chascuns puet prendre en son hiretage ou faire prendre chelui que il trueue mal faisant qomment que il tiengne liretage de seigneur ou en fief ou en villenage. Se chelui qui est trouues en damache se resqueut a chelui qui le prent. tout soit che a chelui qui li hiretages est le preagne, il lamende de. lx. sous. mes lamende est au seigneur de qui li hiretages est tenus. » (Ms. 4516 fol. 103 v°. 2° col. 104 r°. éd. Beugnot, I, pp. 440-441).

[3] J. Marnier (*Assises de Normandie*, pp. 108-109).

[4] Esmein, *op. cit.* p. 142. — Tambour, *op. cit.* pp. 376-377.

tables applications des principes dégagés dans la saisie contre un débiteur quelconque, d'après les chartes et les coutumiers, montrant ainsi dans des hypothèses spéciales une évolution facile à suivre et dont l'origine puisée à la source même du droit Germanique devait aboutir, grâce aux progrès de la législation et à la renaissance de l'influence romaine, à un état mieux ordonné et plus parfait, celui que présentent constitué les textes du xvi siècle.

TABLE DES MATIÈRES

POSITIONS

POSITIONS PRISES DANS LA THÈSE

DROIT ROMAIN

La *pignoriscapio* donnée comme *legisactio* au particulier n'est pas une survivance d'un état de droit général antérieur, mais une délégation du magistrat.

La *legisactio per pignoriscapionem* n'était pas suivie en matière de *damnum infectum*.

L'influence des lois *Aebutia* et *Julia* sur la *l. a. p. p. c.* a été simplement de rendre inutiles les paroles solennelles.

La *p. c.* établie par le Sénatusconsulte de *Pago Montano* est bien la *l. a. p. p. c.* et non la *p. c.* du magistrat.

DROIT FRANÇAIS

La saisie privée du moyen-âge dérive directement de la *pigneratio* des lois barbares.

La tendance de la législation, au début de la période des

grands coutumiers, (xiii⁰-xiv⁰ siècles) n'était pas vers l'emploi de la saisie privée, comme mode normal d'exécution.

La règle posée par les chartes et les traités qu'on ne peut saisir que le débiteur ou le fidéjusseur s'explique par les coutumes alors en usage.

La saisie contre le plége était pratiquée en Beauvoisis beaucoup plus que ne le fait croire Beaumanoir.

POSITIONS PRISES HORS DE LA THÈSE

DROIT ROMAIN

L'action *rei uxoriae* a été originairement une action pénale et d'origine prétorienne.

La formule de l'action noxale était alternative et non facultative.

Les exceptions *legis Cinciae* et *legis Plœtoriae* ont été précédées historiquement d'actions récursoires.

La *filia familias* était encore incapable à l'époque classique.

DROIT CIVIL FRANÇAIS

Les a. 1792 et 2270 fixent la durée de la responsabilité de l'architecte, non celle de l'action en responsabilité.

L'héritier bénéficiaire qui se rend adjudicataire sur licitation d'un immeuble de la succession n'est pas obligé de transcrire et de purger.

La nationalité d'un enfant légitime doit se déterminer par celle de son père à l'époque de sa naissance.

On ne peut obtenir par la force l'exécution de l'obligation des époux de cohabiter (a. 214 C).

DROIT INTERNATIONAL PRIVÉ

En l'absence de contrat de mariage, c'est la loi personnelle du mari, à moins de volonté contraire facile à induire des circonstances, qui régit les intérêts pécuniaires des époux.

HISTOIRE DU DROIT

La loi Salique ne connaît que deux contrats : la *fides facta* et la *res prestita*.

Le droit d'aînesse n'a pas apparu en même temps que la transmission héréditaire des fiefs : il est apparu postérieurement.

DROIT CRIMINEL

Les actes d'instruction faits dans le cas des a. 479-480 C. Instr. Crim. interrompent la prescription.

Vu par le doyen,   Vu par le président de la Thèse,
COLMET de SANTERRE.   A. ESMEIN.

Vu et permis d'imprimer ;

Le Vice-Recteur de l'Académie de Paris.
GRÉARD.

Tours. imp. Mazereau, E. Soudée, successeur.

www.ingramcontent.com/pod-product-compliance
Ingram Content Group UK Ltd.
Pitfield, Milton Keynes, MK11 3LW, UK
UKHW021521090726
13657UKWH00001B/376